기독교문서선교회 (Christian Literature Center: 약칭 CLC)는 1941년 영국 콜체스터에서 켄 아담스에 의해 시작되었으며 국제 본부는 미국 필라델피아에 있습니다. 국제 CLC는 59개 나라에서 180개의 본부를 두고, 약 650여 명의 선교사들이 이동도서차량 40대를 이용하여 문서 보급에 힘쓰고 있으며 이메일 주문을 통해 130여 국으로 책을 공급하고 있습니다. 한국 CLC는 청교도적 복음주의 신학과 신앙서적을 출판하는 문서선교기관으로서, 한 영혼이라도 구원되길 소망하면서 주님이 오시는 그날까지 최선을 다할 것입니다.

추천사 1

류 호 준 박사
전 백석대학교 구약학 교수

사도신경에 관한 또 다른 책이지만 평범한 책은 아니다. 사도신경은 주일마다 암송하는 일인칭 신앙고백(*credo*)이다. 사도신경은 사도적 전승의 신조(信條, 신앙의 조항)를 담고 있다.

사도신경이 언제 어디서 어떻게 시작되고 형성되고 전해졌는지는 학문적 연구에 의존해야겠지만, 분명한 것은 기독교의 장구한 세월 동안 전 세계 대부분의 그리스도 교회(개신교와 로마가톨릭을 망라하여)는 사도신경을 그들의 신앙표준문서로 받아들여 암송하고 고백하고 또한 신자들에게 가르쳐 왔다.

사도신경은 니케아 신조, 아타나시우스 신조와 함께 "교회 일치 신조"(ecumenical creeds)를 구성한다. 문제는 얼마나 많은 그리스도인이 자기들이 고백하는 사도신경 신앙의 조항들을 의식하고 이해하고 음미하고 감동하고 찬양으로 나아갈까 하는 점이다. 주문처럼 외우지 말아야 할, 덮어놓고 암송하지 말아야 할 사도신경이 아닌가. 삼위일체 하나님의 장

대한 사역을 담고 있는 사도신경을 신앙 공동체가 마음으로 이해하여 각자가 일인칭 단수형(*credo*, '나는 믿습니다')으로 고백할 수 있었으면 좋겠다.

이 자그마한 책은 1960년대 독일 공영 라디오 방송에서 당대의 저명한 개신교 신학자들과 로마가톨릭 신학자들이 함께 사도신경을 대중에게 연속 강연한 것을 모은 것이다. 우리에게도 익숙한 이름들이 나온다. 볼프하르트 판넨베르크, 칼 라너, 게어하르트 글로게, 유르겐 몰트만, 귄터 보른캄, 한스 콘첼만, 게어하르트 에벨링 등이 있다.

1960년대의 독일 사회를 반영하고 있는 시대 상황적 제한이 없는 것은 아니지만, 그래서 적용에 있어 그 시대상을 어느 정도 반영하기는 하지만, 이 책은 신앙의 근본 문제(이 세상을 향한 삼위일체 하나님의 위대한 사역)를 꼼꼼히 사색하고 되돌아보게 한다. 천천히 느리게 곱씹어 읽어야 할 내용이다. 여기에 실린 해설과 설명이 독일 일반 청중들을 향한 것이라는 점이 충격적이다. 달리 말해 청취하는 독일 일반 그리스도인들의 보편적 이해력 수준에 자못 놀랄 뿐이다.

또한, 한국적 상황에서 바라볼 때 기고자들이 8명의 개신교 신자, 7명의 천주교 신자로 구성되었다는 점 하나만으로도 그저 부러울 뿐이다. 사도신경이 전 세계 교회 일치 신조이기 때문에 더욱 그랬으리라 생각한다. '이해를 추구하는 신앙'의 좋은 본보기라 여러분에게 적극적으로 추천한다.

천천히 읽으세요. 낯설게 읽으세요. 복잡하고 조합된 용어를 즐겨 쓰는 독일인들의 언어를 좀 더 쉽게 알아듣도록 번역하신 주도홍 박사님의 노고에도 감사를 드린다.

추천사 2

채 수 일 박사
전 한신대학교 총장(실천신학)

사도신경은 모든 그리스도인이 교파를 초월하여 함께 고백하는 신경이다. 알려진 바에 의하면 사도신경은 세례를 받는 그리스도인들이 교육받을 때 함께 공부하고 고백하는데 사용되었다. 그러므로 사도신경은 그리스도교 일치의 표징이자, 그리스도교 신앙의 기본을 표현하는 것이라고 하겠다.

사도신경 해설서는 이미 많다. 대부분 한 사람이 쓴 것이다. 그런데 우리 신학계에도 그 이름이 잘 알려진 세계적인 신학자들이(개신교는 물론 가톨릭 신학자들을 포함하여) 사도신경의 한 절씩을 해설하는 경우는 이 책이 처음인 것 같다.

예컨대, 개신교 신학자 볼프하르트 판넨베르크가 "전능하신 하나님 아버지를 믿사오며"에 대하여, 가톨릭 신학자인 칼 라너가 "하나님의 독생자, 우리 주 예수 그리스도를 믿습니다"에 대하여, 개신교 신학자인 게어하르트 글로게가 "성령으로 잉태되어, 동정녀 마리에게 나시고"를, 위르겐 몰트만은 "음부로 내려갔다"를, 가톨릭 신학자인 안톤 푀그클레는 "하늘에 오르사"를 각각 해설하는 형식이다. 모든 그리스도인들이 함께 고백한 역사적 배경을 가진 사도신경을 개신교와 가톨릭 신학자들이 함께 해석한 것은 사도신경의 에큐메니컬 성격에도 걸맞은 일이 아닐 수 없다.

비록 작은 책이지만, 이 책이 가지고 있는 놀라움은 엄청납니다. 번역하신 주도홍 박사님의 노고에 감사드리지 않을 수 없다. 믿는 것과 아는 것, 신앙과 생활이 분열된 한국 교회가 그리스도교 신앙의 근본을 공부하여, 더욱더 성숙한 신앙 공동체로 거듭나는데 이 책은 반드시 크게 기여할 것을 확신하여, 즐거운 마음으로 추천한다.

추천사 3

지형은 박사
성락성결교회 담임목사

성경 66권은 삼위일체 하나님이 사람에게 주신 유일하고 완결된 구원의 계시다. 기독교 신앙의 본질이 여기에 걸려 있다. 기독교 역사에서 교회와 그리스도인의 신앙이 약해지고 병들고 타락하는 현상은 성경 말씀에서 멀어지는 것에서 비롯된다. 반대로 신앙이 건강하다는 것은 성경 말씀을 경청하고 그 깨달음으로 사는 것이다.

성경 66권에서 가르치는 중심 내용을 우리가 고백하는 형태로 요약한 것이 사도신경이다. 사도신경은 기독교 신앙의 요건이며 중심축이라고 할 수 있다. 사도신경의 내용에 나의 온 존재를 걸고 삶의 여정을 걷는 것이 기독교 신앙이다. 기독교 역사 내내, 특히 종교개혁의 전통에서 사도신경은 예배에서 중심적인 자리를 차지한다.

신앙고백, 이 단어가 중요하다. 사도신경은 신앙고백이다. 우리 신앙이 성경 말씀에 토대를 두고 있다는 것을 생각하면 그 말씀을 온 삶으로 살며 고백하는 것이 신앙고백이다.

다르게 표현하면 '하나님의 말씀이 우리 삶으로' 이어지며 현재 진행형으로 작동하는 것을 가리켜 신앙고백이라고 합니다.

사도신경이 기독교의 신앙을 고백한 문서로서 중심적인 역할을 하고 있는데, 이에 관한 해석은 다양하다. 기독교 신앙의 구조로 볼 때 사도신경의 해석을 어느 하나의 신앙 전통이 독점할 수 없다. 어느 해설서 한 권이 결정적인 권위를 가질 수도 없다. 각 시대와 상황에서 교회 공동체에 다가오는 도전과 과제를 끌어안고 거듭해서 다시 해석하고 고백하며 삶을 던져야 한다. 이런 점에서 사도신경에 관한 해석 또는 해설과 그에 따른 삶의 실천은 늘 현재 진행형이어야 합니다.

주도홍 교수님이 번역하여 펴내는 책이 참 좋다. 사도신경을 해설한 책은 많다. 그러나 이 책은 여러 학자가 사도신경의 항목들을 하나씩 설명했다는 점에서 다른 책과 많이 다르다. 흥미롭고 탁월한 구상이다. 종교개혁에 기반을 둔 우리 기독교 신앙에서 교회의 교사 역할을 하는 신학자들의 진지한 신학 연구가 길잡이다. 다양한 신앙 전통을 가진 신학자들이 각자의 생각과 묵상으로 풀어낸 글이 한국 교회의 그리스도인들에게 값진 묵상이 될 것이다.

주도홍 목사님은 목회자며 신학자다. 독일에서 공부하면서 담임목회를 성실하게 감당하셨고 박사 학위를 마친 후에 미국에서도 목회하셨다. 그후 한국으로 돌아와 신학교에서 오랫동안 가르치며 신학적 작업에 헌신했다. 은퇴 후에도 본질적인 의미에서 '신학하기와 목회하기'를 쉬지 않는 모습을 보면서 존경의 마음이 깊다.

이 책을 보면서 그런 생각이 들었다. 신학계를 포함한 한국 교회에서 오늘날의 세계에 꼭 필요한 주제들을 놓고 여러 신앙 전통을 가진 전문가들이 창의적인 방식으로 대화하며 소통하면 좋겠다는 생각 말이다.

추천사 4

박찬호 박사
백석대학교 조직신학 교수

흥미로운 책이다. 1960년대를 시대 배경으로 하여 15명의 신학자와 일반인이 함께 사도신경의 각 항목에 관해 쓴 글을 모은 이 책은 통일성 있는 신학을 개진해 주지는 않지만 각각의 항목에 대한 나름의 통찰력을 엿볼 수 있는 귀한 내용을 담고 있다.

필자 15명 중 8명은 개신교, 7명은 가톨릭이라는 것도 흥미롭다. 전 세계 교회가 공통적으로 이 사도신경을 고백하는 것이기에 우리가 속한 개신교보다 더 넓은 공교회의 일원임을 확인하게 되는 시간이 되기도 할 것이다.

얼마 전 어떤 목사님의 제안이 생각난다. 사도신경은 기도문이 아닌데 왜 눈감고 하느냐, 눈뜨고 하자는 것이다. 눈을 감고 주문처럼 외우다 보니, 내용에 대한 숙고는 없고 너무 기계적이 되는 것은 아닌가 돌아보게 된다. 나치가 몰락하고 독일이 패망한 다음 칼 바르트는 자신을 추방하였던 독일의 본대학교에서 사도신경을 강의하였다. 그만큼 바르트가 사도신경을 중요시하였음을 보여 주는 것이다.

사도신경은 주기도문, 십계명과 함께 그리스도인의 신앙과 삶에 있어 매우 중요한 것으로 간주되어 많은 신앙 고백서나 교리 문답서에서 다루어진다. 주기도문이 우리가 어떻게 기도할지를 우리에게 가르쳐 준다면 십계명은 우리가 어떻게 살아야 하는지를 가르쳐 주며, 사도신경은 우리가 무엇을 믿는지를 보여 주는 것이다. 그렇기 때문에 대부분의 교리 문답서가 사도신경과 주기도문 그리고 십계명 해설을 그 내용으로 하고 있다.

우리가 예배 시간에 사도신경으로 우리의 신앙을 함께 고백하는 이유는 무엇일까?

우리가 하나님을 만난 경험은 각각 다르다.

"어떻게 예수 믿게 되셨어요?"

이렇게 질문하면, 다양한 사건 사고를 통해 하나님을 만나게 되었다고 대답할 것이다. 하지만 그렇다고 우리가 만난 하나님이 다른 하나님은 아니다. 그래서 예배 시간에 우리가 사도신경으로 우리의 신앙을 고백하는 가장 큰 이유는 우리가 하나님을 만난 경험은 다 다르고 다양하지만, 그 하나님이 동일한 하나님임을 고백하는 의미가 그 가운데 있다고 할 수 있다.

우리는 21세기 코로나 이후 시대를 살아가고 있다. 하지만 우리의 신앙은 그 기원이 초대 교회에 까지 닿아있으며 그것을 넘어 신구약 성경의 시원으로까지 소급되어 있다.

평소 사랑하고 존경하는 주도홍 교수님의 노고를 통해 번역 출간되는 이 책을 통해 우리가 서있는 자리와 우리의 유산 그리고 소망이 무엇인지를 발견하는 복된 시간이 되기를 바라며 이 책을 기쁨으로 추천한다.

추천사 5

김관성 목사
낮은담교회 담임

  종교개혁자 마틴 루터는 "사도신경은 초대 교부가 고안한 것이 아닌 사도들이 전해 준 성경의 가르침을 가장 탁월하게 요약한 것이다. 이것은 마치 꿀벌들이 모든 아름다운 꽃에서 꿀을 모아 놓은 것과 같다"라고 했다. 이렇게 사도신경은 주기도문이나 십계명과 같이 성경 본문에서 기인한 것은 아니나 성경 전체의 핵심 내용을 잘 요약하고 있으며 주일마다 성도들이 예배를 통해 암송하는 매우 중요한 신앙고백이다.

  이 책은 성도가 사도신경을 쉽게 이해하도록 돕는 신앙 수필과 같은 책이다. 우선 이 책은 우리에게도 익숙한 다수의 신학자들, 볼프하르트 판넨베르크, 칼 라너, 게어하르트 글로게, 유르겐 몰트만, 귄터 보른캄, 한스 콘첼만, 게어하르트 에벨링 등이 1960년대 독일 공영 라디오 방송에서 대중에게 연속으로 강연한 내용을 모아 놓은 것이다.

  당대 최고의 신학자들의 견해가 반영된 이 책은 당시 독일 내의 복음 전도를 위해 제작된 것으로, 21세기 한국 교회의 시대 상황에 제한적이라 여길 수 있으나, 교회를 향한 한국 사회의 불신 그리고 이미 서구 교회가 경험한 기독교 쇠퇴 흐름을 한국 교회도 뒤따라가고 있다는 점에서 이 책은 현재 기독교 신앙을 가진 성도와 교회가 다시 사도신경의 의미를 되새길 때 중요한 역할을 할 것으로 기대한다.

무엇보다 모든 목회자가 가진 고민은 이런 것일 것이다.

어떻게 하면 교회와 성도가 신앙에 있어 질적으로 성장하고 성숙하여 진정한 예수의 사도로 살아가게 할 수 있을까?

이 책은 길지 않은 분량으로 사도신경을 쪼개어 설명하고 있다는 점에서도 목회자들이 교회의 소그룹에서 활용하여 성도를 교육하는 데 매우 유익할 것이다. 신앙의 회복은 신자의 마음에 '확신'이 생길 때 일어난다.

그리고 이러한 일은 방대한 성경의 진리가 잘 정리된 교리를 통해 신자의 생각에 명확히 자리 잡을 때 일어남을 자주 목도했다. 그런 면에서 사도신경의 의미를 다시 기억하고 되새기게 하는 이 책은 성도에게 신앙의 확신과 기쁨을 다시 가져다 줄 것이다. 기대하는 기쁨을 담아 온 마음을 다해 이 책을 추천한다.

사도신경,
우리는 무엇을 믿는가

Das Glaubensbekenntnis: Aspekte für ein neues Verständnis.
Edited by Gerhard Rein
Translated by Dohong Jou
Originally published in German as *Das Glaubensbekenntnis: Aspekte für ein neues Verständnis*. By Stuttgart: Kreuz-Verlag, Germany
Copyright ⓒ 1968
This Korean translation edition ⓒ 2023 is published by Christian Literature Center, Seoul, Korea
All rights reserved.

사도신경, 우리는 무엇을 믿는가?

2023년 12월 30일 초판 발행

지 은 이 | 판넨베르크, 몰트만 외 13인
옮 긴 이 | 주도홍

편   집 | 도전욱
디 자 인 | 이승희, 서민정
펴 낸 곳 | (사)기독교문서선교회
등   록 | 제16-25호(1980.1.18.)
주   소 | 서울특별시 동대문구 천호대로71길 39
전   화 | 02-586-8761~3(본사) 031-942-8761(영업부)
팩   스 | 02-523-0131(본사) 031-942-8763(영업부)
이 메 일 | clckor@gmail.com
홈페이지 | www.clcbook.com
송금계좌 | 기업은행 073-000308-04-020 (사)기독교문서선교회
일련번호 | 2023-123

ISBN 978-89-341-2634-8(93230)

이 책의 출판권은 Stuttgart: Kreuz-Verlag와(과) 독점 계약한 (사)기독교문서선교회가 소유합니다. 신저작권법에 의하여 한국 내에서 보호를 받는 저작물이므로 무단 전재와 무단 복제를 금합니다.

MZ 세대를 포함한 15주
열다섯 독일인의 새 이해

사도신경, 우리는 무엇을 믿는가

Das Glaubensbekenntnis: Aspekte für ein neues Verständnis.

볼프하르트 판넨베르크, 유르겐 몰트만 외 13인 지음
주도홍 옮김

CLC

목차

추천사 1 류호준 박사 · **1**
추천사 2 채수일 박사 · **4**
추천사 3 지형은 박사 · **6**
추천사 4 박찬호 박사 · **9**
추천사 5 김관성 목사 · **12**

역자 프롤로그 · **20**

1. 사도신경의 역사와 의미 · **24**
   발터 폰 뢰벤니치(Walter von Loewenich)

2. 전능하신 하나님 아버지를 믿사오며 · · · · · · · · · · · · **34**
   볼프하르트 판넨베르크(Wolfhart Pannenberg)

3. 천지를 만드신 창조자 · **45**
   하이모 돌흐(Heimo Dolch)

4. 나는 하나님의 독생자, 우리의 주, 예수 그리스도를 믿습니다 · · · **56**
   칼 라너(Karl Rahner)

5. 성령으로 잉태되어, 동정녀 마리아에게 나시고 · · · · · · · · · · · **65**
   게어하르트 글로게(Gerhard Gloege)

6. 본디오 빌라도에게 고난받고, 십자가에 못 박혀 죽고, 장사 되었다 · · · **76**
   하인리히 슬리어(Heinrich Schlier)

7. 음부로 내려갔다 · **87**
   유르겐 몰트만(Juergen Moltmann)

8. 삼 일째 되는 날 죽은 자 가운데 다시 살아나사 · · · · · · · · · · · · **100**
   귄터 보른캄(Guenther Bornkamm)

9. 하늘에 오르사 · **112**
   안톤 푀그틀레(Anton Voegtle)

10. 전능하신 하나님 우편에 앉아계시다가, 저리로서 산 자와 · · · · **124**
    죽은 자를 심판하러 오시리라
    한스 콘첼만(Hans Conzelmann)

11. 성령을 믿사오며 · **135**
    발터 디억스(Walter Dirks)

12. 하나의 거룩한 그리스도적 교회, 성도의 교제를 믿사오며 · · · · **146**
    알베르트 판 덴 휘벨(Albert van den Heuvel)

13. 죄를 사하여 주시는 것 · **158**
    막스-파울 엥엘마이어(Max-Paul Engelmeier)

14. 몸이 다시 사는 것과 · **168**
    막스 제클러(Max Seckler)

15. 영생을 믿습니다 · **177**
    게어하르트 에벨링(Gerhard Ebeling)

에필로그 · **190**
   게어하르트 레인(Gerhard Rein)

역자 프롤로그

주 도 홍 박사
전 백석대학교 교회사 교수

 제목에서 말하듯이 이 책은 일종의 신앙수필로 보는 게 좋겠다. 사도신경을 주제로 독일 라디오 방송에서 일반 청취자를 대상으로 내보낸 내용이며, 방송의 성격상 신교와 구교, 신학자와 비(非)신학자가 함께 본인들이 평소 주일예배에 고백하는 사도신경(*Apostolicum*)에 관한 생각을 진솔하게 소개하고 있기 때문이다. 신학적이고 교리적 전문 서적이라기보다는 신교와 구교가 함께 고백하는 사도신경(*Credo*)에 관한 물음과 생각을 21세기 독자들과 진솔하게 함께 나누는 일종의 신앙 수필로 보는 게 나을 것이다.
 무엇보다 이 책은 '생각하는 신앙'을 갖는 크리스천을 바라본다. 그러기에 이 책을 너무 교의(**敎義**) 신학적으로 따지려고 하는 것은 이 책의 편집 취지에 어긋난다.
 21세기 오늘 우리는 후기 기독교 시대(Post-Christentum)에 살며, 엄청난 물질문명의 진보를 누리고, 천국을 이 땅에서 누리고자 하며, 신앙과 교회를 떠나는 불신앙의 시대를 맞고 있다. 이 책의 물음은 2,000년 전 만들어진 사도신경을 2천 년의 사이를 두고 21세기 우리가 어떻게 이해하고 있는지, 어떻게 이해해야 하는 지다. 더 나아가 당시 성도들은 이 사도신경과 함께 무엇을 생각했는지도 중요한 질문이라 할 것이다.

1960년대 독일 가장 저명한 신학자와 기독교 리더가 총동원된 이 연속 방송은 아마도 복음 전도를 염두에 둔 기획이었다고 하지 않을 수 없는데, 오늘 21세기 한국 교회가 겪는 불신앙의 시대를 사실 기독교 국가 독일의 신학자와 경건한 성도들은 50년 앞서 경험하면서, 생각하지 않을 수 없었을 것이다. 그들은 교회를 떠나는 불신앙을 안타까운 마음으로 바라보았다. 그런 맥락에서 이 책은 일종의 사도신경을 주제로 한 복음 전도지 역할을 하고자 했을 것이다.

그렇지만 분석적이고 논리적인 독일인, 특히 독일 신학자들의 사고가 그렇게 간단하게 다가오지 않음은 어쩔 수 없이 한국의 독자들이 감당해야 할 몫이라 하겠다. 게다가 생각하는 신앙이 무엇인지도 조금은 마음을 써 이해했으면 하는 바람이 없지 않다.

기꺼이 교회 소그룹에서 이 책을 손에 들고 우리가 주일 고백하는 사도신경이 무엇을 말하는지 생각하고 이해했으면 한다. 어머니 뱃속 신자인 필자도 세례받은 후 60년 가까이 사도신경을 암송하였는데, 이번 번역 과정에서 많은 생각을 해야 했다. 동시에 별생각 없이 습관적으로 암송했던 과거를 떠올려야 했으니, 일차적으로 번역의 덕을 보았다 할 것이다. 곧 이 책이 추구하는 '생각하는 신앙인'이 가장 먼저 나에게 적용됐다 할 것이다.

각 장 필자 소개는 역자가 추가하였음을 밝힌다.

서로 나누고 싶은 물음들

1

사도신경의 역사와 의미

발터 폰 뢰벤니치 Walter von Loewenich *
에어랑겐대학교 교회사 교수

이 책은 사도들의 신앙고백, 곧 사도신경에 관한 시리즈 저서이다. 사도신경이 여러 학자와 평신도의 연구로 한데 묶여 독자를 만날 수 있음은 의미가 크다. 기독교 신앙의 내용을 함축적으로 보여 주는 사도신경은 여전히 가장 인기가 높다. 오늘에도 대부분의 개신교 예배에서 사도신경을 함께 고백한다. 개신교인들은 어린 시절부터 사도신경을 암송하

---

* 폰 뢰벤니치(W. von Loewenich)는 1903년 독일 뉘른베르크(Nürnberg)에서 태어나, 1992년 세상을 떴다. 그는 에어랑겐, 튀빙겐, 괴팅겐과 뮌스터에서 독문학과 신학을 공부했고, 1928년 에어랑겐에서 신학 석사를, 1929년 신약학을 전공하여 1931년 2세기 요한 이해를 주제로 교회사 교수 자격 논문을 마쳤으며, 1935년-1945 에어랑겐에서 학생 자문위원, 1946년부터 에어랑겐대학교의 교회사 교수, 1956/57년 에어랑겐대학교 총장, 1959년 이후 바이어른 주(州) 학술원 회원이 되었고, 1971년 교수직에서 은퇴하였다.

고, 사도신경으로 교리 교육을 하였는데, 그러기에 사도신경을 향한 친근감이 깊다.

루터의 땅 독일에서 가장 널리 사랑받는 '평신도 교리서'라 불리는 루터의 『소교리 문답』 두 번째 주요 부분을 사도신경이 형성하는데, 이해의 모든 어려움 속에서도 루터는 이 부분을 어린이 이해 수준에 맞추었다. 성경의 진리를 짧은 시간에 보여 주는 탁월한 요약으로서 루터는 사도신경을 높이 평가했다. 루터는 1535년 행한 한 설교에서 사도신경을 매우 소중하게 여겼다.

> 우리는 여지까지 그런 기도나 신앙고백을 만들지도 착안하지도 못했다. 한 마리의 벌이 예쁘고 신나는 다채로운 작은 꽃들로부터 수집하는 달콤한 꿀처럼, 사도신경은 모든 성경으로부터, 곧 사랑하는 선지자들과 사도들에게서 어린이와 성인 초신자들을 위해 이토록 곱고 아담하게 요약한 신앙 상징이다.

사도신경은 루터에게 절대적으로 '신앙'(der Glaube) 그 자체였는데, 루터는 여러 번 사도신경을 강해했고 그 내용을 자신이 쓴 두 교리 문답 안에 옮겨 실었다. 사도신경은 세 가지 주요 신앙 상징 또는 신앙고백으로서 의미가 있는데, 사도신경은 초대 교회 기독교와 오늘의 기독교를 하나로 묶어 준다. 오늘 우리는 사도신경의 교회 일치 성격에 대해 언급하려 한다. 종교개혁은 하나의 작은 교파 형성이 목적이 아니라, 진정한 하나의 보편적 교회의 갱신을 추구함에 가장 높은 가치를 두었는데, 그것은 서구 기독교의 교회 일치를 위한 세 가지 신앙고백으로, 무엇보다 종교개혁의 신앙 근거로서 내세웠는데, 사도신경, 니케아 신경, 아타나시우스 고백이었다. 니케아 신경은 381년 콘스탄티노플 공의회가 채택한 고백으로 동방 교회에서 절대적 위치를 차지하는 신앙고백이다.

그렇지만 동방 교회는 사도신경도 아타나시우스 고백도 사용하지 않는다. 니케아 신경은 4세기 아리우스와의 논쟁을 끝냈는데, 그로 인해 사도신경에 추가된 것으로 볼 수 있겠다. 사도신경과 함께 니케아 신경 역시 로마가톨릭교회 미사에서는 신앙고백(*Credo*)으로 암송되었는데, 동방 교회에서는 성령 외에 추가하는 것을 허락하지 않았다.

아타나시우스 신경은 순전히 서방 교회적이다. 그러니 엄격하게 볼 때 위에 말한 세 신앙고백은 어느 것도 교회 일치로 볼 수 없는데, 주요 내용을 중심으로 본다면 사도신경과 니케아 신경을 그렇게 주장할 수 있겠다.

사도신경은 다른 세 신앙고백 중 가톨릭교회 소교리 책에서 가져오고 있는데, 그렇다면 사도신경은 교회 일치 성격을 가졌다고 할 것이다. 어느새 그로부터 사도신경은 이처럼 높은 교회적 의미를 지니게 되었다. 소위 히틀러 '제삼 제국'을 대항한 교회 투쟁에서도 많은 교회가 이 사실을 인상 깊게 명확히 했다. 당시 그리스도적 신앙의 본질을 천명함으로

써 많은 시련이 찾아올지라도 진정한 신앙고백을 향한 공동의 신앙고백은 사도신경이었다. 이러한 역사는 오늘 많은 것이 변화해도 절대 잊어서는 안 될 것이다.

확실히 부인할 수 없는 것은, 단순하지 않은 두루 퍼진 하나의 질문인데, 수백 년에 걸쳐 형성된, 오래된 사도신경이 여전히 오늘 우리의 신앙을 표현하기에 적절한지다. 1919년 저명한 루터 연구자 칼 홀(Karl Holl)은 이렇게 평가했다.

> 오늘날 교회 안에는 그 어떤 신학자, 성도도 사도신경이 말하는 그 실질적 의미를 온전히 습득할 수 있는 자는 없다.

이러한 회의론은 놀랍게 이미 루터파 정통주의 시대였던 17세기에도 적지 않았다. 독일 헬름슈테트(Helmstedt) 출신 신학자 칼릭스트(Calix)도 당시 이를 대변했는데, 로마교회와 일치를 위한 근거로 사도신경은 적합하다는 것으로, 사도신경에는 구원 신앙을 위한 중요한 모든 교리가 온전히 그리고 분명하게 일컬어지고 있다는 것이다. 그렇지만 그의 입장은 정통주의 반대자들로부터 신랄하게 공격을 받았다.

사실 사도신경에는 결정적으로 종교개혁의 신앙 표현들이 없는데, 예를 들면 원죄와 칭의론으로 루터의 사도신경 강해는 이 부분에서 깊은 의미를 준다. 곧 신앙고백 형태의 동일성이 신앙고백의 동일성을 의미하지는 않는다. 적절한 신앙을 표현할 때, 과연 사도신경이 충분한지에 대한 의문은 계몽주의와

19, 20세기 역사 비판적 연구를 통해 점점 더 거세졌다.

프리드리히 빌헬름 3세는 자신의 프로이센 연합 정책을 위한 발판으로 예전의 활용을 넉넉히 시행했으며, 19세기 루터파 신정통주의는 그에게 이를 의무적으로 가르칠 것을 독려하기도 했다. 그렇지만, 이는 결국 사도신경에 대한 반발을 먼저 불러왔다. 뷔르템베르크 목회자 크리스토프 슈렘프(Christoph Schrempf)가 1891년 세례를 베풀 때, 사도신경을 꼭 언급해야 하는 것에 반기를 들 때, 세간의 관심을 불러일으킨 '사도신경 논쟁'이 일어났다.

당시 아돌프 하르나크(A. Harnack)는 제자들에게서 분명한 태도를 밝힐 것을 요구받았는데, 이때 그 저명한 발언이 나왔다.

> 당연히 사도신경을 폐지할 수 없다. 지금까지 우리는 더 나은 신앙고백을 갖지 않고 있다. 우리는 그것을 마땅히 해석해야 한다.

교리를 새롭게 정립하거나 폐지할 여러 '경우'가 있었는데, 먼저 야토(Jatho)와 트라웁(Traub), 제1차 세계대전 후에는 라임바흐(Leimbach)와 크노테(Knote)를 들 수 있겠다. 이들의 튀는 언행을 향해 교회 당국은 일사불란한 조치를 하지 않았는데, 이를 책임 있게 다루어야 할 동료들이 마냥 좋은 양심이라 볼 수 없는 상태에서 대충 넘어갔다.

이런 식으로 교리의 엄격성은 무너져 갔고, 역시 오늘에 이르기까지 문제는 불투명하게 계속되고 있다. 그러던 중 나중에 등장한 칼 바르트(Karl Barth)에 의해 보수적 관점이 신학에서 강화되었는데, 그는 신앙고백을 향해 긍정적이었다.

그렇다 치더라도 이후 등장하는 역사 비판적 사고는 극복하지 못했을 뿐 아니라, 나아가 또 다른 신학적 물음이 강하게 제기되었는데, 사도신경이 고백하는 객관적 구원의 역사적 실체를 확정하는 것이 근본적으로 신앙 본질에 모순되지 않는지였다. 대신 실존적 해석을 통해 그러한 표현의 비신화화를 요청하기에 이르렀다.

어떤 경우든지 신앙은 역사적 사실 인식과는 근원적으로 구별되어야 한다. 그것이 신앙고백으로 연결되기 위해서는 당연히 엄격한 귀결이어야 하는데, 성경과는 가장 긴밀하게 함께 연관되어야 한다. 그렇게 될 때, 근본적으로 사도들의 신앙 내용을 재현하는 사도신경이라는 이름에 적합한 것이다. 그렇게 만들어진 사도신경이라는 형태가, 옛사람들이 말했던 그대로, 사도 본인들에 의해 이루어진 것은 물론 아니다.

즉, 열두 사도 각자가 사도신경 한 구절씩을 맡아 완성했다고 많은 사람이 생각했었다. 그렇지만 15세기 인문주의자 발라(Laurentius Valla)가 처음으로 사도신경이 사도들에 의해 형성되었다는 생각에 이의를 제기했다. 고백적 신앙 형태는 이미 신약 시대에도 있었다.

마태복음 28:19에 나오는 삼위 일체적 형태를 지닌 세례 명령은 이 점에서 특별한 의미가 있는 데, 그러한 신앙고백의 근원적 현장이기 때문이다. 세례를 받는 사람은 본인 신앙을 고백한다. 그러다 후에는 신앙고백이 이단 방어를 위한 역할도 하게 되었으며, 점점 여기에 상당한 보완이 이루어졌다.

서방 교회 신앙고백 형성에 있어서 이러한 면이 결정적 역할을 하기에 이르렀다. 오늘 우리가 갖는 사도신경 본문은 5세기 서고트족 스페인과 갈리아 지방에서 확인된다. 10세기 신성로마제국의 첫 황제 오토 1세가 당시 사도신경을 세례의 상징으로 받아들였다. 그로부터 이러한 전통은 서방 교회에서 변하지 않고 전해져 왔고, 종교개혁 역시 이를 인정하였다.

그러한 신앙고백은 오늘을 사는 우리에게 어떤 의미를 주는 것인지 묻게 되는데, 먼저 답할 것은, 교회는 신앙인의 주관적 연합 그 이상이라는 사실이다.

신앙고백 표현은 하나님의 거대한 일들을 가리키는데, 그것은 신앙적 느낌의 표현보다는 일차적으로 역사적으로 일어난 일들을 보고한다. 성도들 각자의 경건성(Froemmigkeit)에 근거를 두기보다는, 하나님께서 우리를 위해 행하셨고 지금도 일하시는 그것들 위에 교회가 세워졌다. 여기에서 신앙고백의 객관성을 본다.

동시에 신앙고백은 수많은 세월을 초월하여 오늘 기독교와 역사적 근원을 하나로 묶어 준다. 여기에서 신앙고백의 교회 일치 의미를 확인한다. 이러한 유대를 끊어버리려는 의도를 가진 과격한 교회가 있다면, 위험에 놓이게 되는데, 2천 년 기독교의 모든 것으로부터 탈퇴를 감행해야만 하는 것이다.

그러나 확실한 것은, 그 객관적 고백은 동시에 우리 개인적 신앙고백의 당연한 표현이어야 한다. 여기에 이미 앞에서 언급한 어려움이 오늘의 우리에게 있다.

사도신경을 이루는 여러 문구를 학문이 깊은 현대 신학자 한 사람에게 다 해석하도록 책임 지울 수 있을까?
아니면 그와 더불어 위선자를 키워야 하는 걸까?
한 사람에게 신앙고백 '교육의 의무'를 짐 지운다면, 그것은 '경배의 제물'이 마땅히 되어야 할 신앙고백의 오용이 아닌지?
신앙고백이 갖는 용어에 대해 분명한 이해가 전혀 없으면서, 강단에서 신앙고백을 암송한다면, 그거야말로 하나님을 모독하는 거짓이 아닐지?

신학적으로 교육을 받은 목회자는 이에 대해 일반 성도들과는 뭔가 다르게 생각할 것이지만, 각자의 생각은 이에 대해 많은 차이가 있을 것이다. 한 성도는 그것을 문자적으로 받아들이고, 다른 이는 의심하며, 제3자는 그의 방식대로 또 다르게 이해한다. 확실히 현대적 해석의 가능성은 존재한다. 그 해석이란 역시 뭔가 다르게 해석하는 것과 동시에 자못 거짓으로 나갈 수도 있다. 어쨌든 그것이 본래 의도했던 명료성은 무엇보다 드러나야 할 것이다.

  단 한 가지 우리에게 힘이 되는 것은, 신학자와 교회 성도를 향한 인내 어린 교육은 순종과 자유 안에서 얻어지는 것으로, 바르고 신실한 성경 진리의 깨달음으로 우리를 인도한다는 사실이다.

서로 나누고 싶은 물음들

2

전능하신 하나님 아버지를 믿사오며

볼프하르트 판넨베르크 Wolfhart Pannenberg*

뮌헨대학교 조직신학 교수

그렇게 오래전은 아니지만 얼마 전까지 기독교인들에게 아버지가 되는 하나님이 존재한다는 생각은 말할 것도 없이 유효했다. 사도신경의 첫 문장을 결정적으로 기독교적이라고 느꼈을 뿐 아니라, 현대를 사는 사람의 대다수가 이에 같

---

* 판넨베르크(W. Pannenberg)는 1928년 독일의 쉬테틴(Stettin)에서 태어나 2014년 9월 86세의 나이로 뮌헨에서 일생을 마감했다. 판넨베르크는 베를린, 괴팅겐, 스위스의 바젤에서 신학을 공부했는데, 바젤에서 칼 바르트의 영향을 받았다. 1953년 판넨베르크는 독일 하이델베르크대학교에서 중세 신학자 스코투스(D. Scotus)의 예정론을 연구한 E. Schlink의 관점을 연구하여 신학박사 학위를 취득했다. 교수 자격 논문은 1955년 비유와 계시에 관해 썼다. 1958-1961 부퍼탈신학대학교 조직신학 교수, 1961-1968 마인츠대학교 교수, 시카고대학교, 하버드대학교에서 초빙교수로 활약했으며, 1968년부터 뮌헨대학교 조직신학 교수로 봉직하다가, 1993년 은퇴하였으며, 2014년 하나님의 부르심을 받았다. 2008년 기준 뮌헨대학교 도서관에 있는 그의 저술은 645종으로 기록됐다.

은 인식했다. 우리에게 전해져 온 이 신앙고백과 더불어 어려움이 시작되었는데, 하나님 아들로서의 그리스도, 그의 탄생의 이적, 죽음에서 다시 살아난 그의 부활에 관한 진술 때문이었다. 그리스도 신앙은 많은 이에게 예수가 이미 직접 가르쳤던 하나님을 향한 단순한 신앙에 뭔가 혼란을 주는 첨가물 같았다.

그러다 1960년대에 이르러서 상황은 거의 역전되었는데, 하나님이 설 자리가 이 세상에는 더는 없는 것처럼 보인다는 것이다. 기독교 전승에서 유일하게 견고해 보이는 것은 예수가 사랑의 복음과 함께 존재한다는 것이다.

그래서 하나님을 향한 믿음을 예수를 향한 믿음으로 대체하려고 하는 신학자들이 있다. 내가 느끼기에, 단지 말할 수 있다면, 물을 것도 없이 상당히 많은 학자가 기독교적 관심을 예수에게 돌리는 일에 익숙해 있다.

그렇다면 어떻게 우리가 예수를 믿을 것이며, 그를 아무런 거침없이 신뢰할 수 있을까?

만약 우리가 예수를 우리 곁에 함께 살아가는 사람들처럼 한 인간으로만 여긴다면 말이다. 이미 예수를 믿는다는 전제가 있는데, 그가 실제 일들을 통해 말 그대로 하나님을 보여 줘야 한다. 그렇게 될 때, 말할 것도 없이 예수의 복음은 자체로 틀림없이 하나님의 생각이며, 하나님 나라가 가까이 다스리고 있음을 보여 줘야 한다.

이웃 사랑의 예수 사상은 하나님에게서 온 복음과 인간을 향한 하나님의 사랑으로부터 온 열매다. 그러기에 우리가 마땅히 자백하지 않을 수 없는 것은, 하나님에 대한 숙고의 위기와 더불어 기독교 신앙 자체 존속을 위해서는 바로 이런 일들이 어떻게 되느냐에 달려 있다.

'하나님의 죽음'이라는 말은 무엇을 뜻하는가?

이 말은 많은 의미를 지니는데, 앞서 하나의 규정된 개념을 형성했기에, 여러 의미로 해석할 수 있다. 그 그림은 언젠가 살았고, 지금은 죽어 버린 하나님이다. 그런데 지금은 더 이상 하나님이 아닌 하나님으로, 과거에는 확실히 하나님이었던 분으로서 한 하나님이다.

하나님의 죽음이 있을 수 없다면, 실재하는 하나님을 향한 환상(Illusion) 역시 말할 것도 없이 끝날 것인가?

그러기에 '하나님의 죽음'은 뭔가 새로운 발견을 위한 하나의 표현으로 보이는데, 하나님을 향한 인간의 생각은 단지 인간적 꿈들이며, 거울에 비친 인간의 모습이고, 내용으로 말할 때 인간과 상관없는 실체라고 말할 수 없다.

실제로 신의 죽음이라는 말은 일차적으로 신앙적 각성이 흐트러짐으로부터 오는 말이다. 확실히 하나님이 하늘 보좌에 자리하고 있다는 공간적 관념이 벌써 초기 기독교 신학 안에 여전히 하나의 비유로 존재했다. 그것은 우리의 일상 경험과는 단절된 실제 차원에서 하나님은 숨어 산다는 것이다.

다르게 표현하면, 하나님은 깊은 실존이다. 그렇다면 역시 공간적 그림을 사용할 수 있는데, 다름 아닌 위를 향하는 곧 천국을 뜻하는 것이다.

우리 시대 하나님에 관한 생각을 어지럽게 하는 것은 그와 더불어 아직 전혀 눈길을 주지 않는데, 흔히 말하듯, 하나님의 천국 거주에 대한 공간적 상상은 단지 하나의 비유로서 이미 오래전 소련 우주선 스푸트니크호가 우주 공간에서 하나님을 만나지 못했다는 사실에 전혀 놀랍지 않다.

더 진지하게, 우리가 하나님을 더는 혼령 같은 존재로 생각할 수 없게 되었다는 점이다. 인간의 영혼이 육체와 근본적으로 구별되는 것처럼, 그래서 육체가 죽을 때 영혼이 그로부터 분리되어, 육체가 없는 영적 실체로서의 영혼과 유사하게 하나님을 생각할 수 있는데, 그렇다면 육체가 없는 하나님은 존재하기 위해 하늘 같은 하나의 특정 장소가 필요하지 않다.

나아가 우리는 혼령의 실체로서 하나님을 상상할 수 없게 되었는데, 역시 단지 몸의 한 역할로서 인간의 영혼을 이해할 수 있기 때문이다. 신적 혼령이라는 생각과 함께 인격으로서 하나님을 향한 지금까지의 전통적 상상이 역시 무너지고, 자아 각성이 이루어진 인간적 인격을 생각하며 형성되었다. 영적 본체 그리고 자각한 인격체로서 신을 향한 상상들은 오늘날에도 여전히 인간의 한계를 초월해 거울에 비친 모습들 그 이상 다른 것은 아니다.

그러기에 최근 200년 전 이루어진 비판은 전통적으로 가졌던 하나님을 향한 생각의 기본 대오를 흔들어 놓았다.

그러나 그와 함께 하나님을 향한 모든 대화의 의미가 사라졌는가?

아니면 하나님을 향한 전통적 상상들의 위기가 우리를 사도신경의 이 말씀을 통해 규정한 실체의 그 은밀성을 새롭게, 더 깊게 숙고할 것을 강요하는가?

신에 대한 사유 없이 사람들이 그 실체를 이해하기를 시도하면서, 다시 질문을 던질 수 있을 것이다. 더 나아가 현대 인류의 삶은 말할 것도 없이 신이 없는 그러한 삶의 실험이다.

그러나 그것이 가능할 것이며, 그것을 성취했는가?

신에 관한 대화가 중단된 곳에서, 하나의 다른 차원에서 실체에 관한 경험이 전체적으로 더 빈약해지지 않았는가?

'하나님'이라는 단어는 깊이를 측량할 수 없는 깊은 현존을 암시한다. 모든 다양성 가운데 그 실체를 향한 일치도 다양성도 아닌 학문적 인식을 통해 잘못 계산하게 한다. 이는 가득한 비밀로 남는다. 이는 지식의 진보에 발맞춰 어쩔 수 없이 요청하는 그 실체를 향해 뭔가 선 학문적이고 원시적 관점이 아니라, 지식에 상응하게 우리의 인식을 위해 그 무한한 실재를 향한 우리의 인식이 그만큼 증가한다.

하나님에 관해 말할 때, 유한한 것과 일어난 결과들의 그 배경으로서뿐 아니라, 현존의 비밀이 사건들과 인간 역사 가운데 강력하게 출현한다. 거의 모든 종교는 예를 들어 천체와 같은 유한한 것을 그러한 신비 가득한 힘으로 언급한다. 그에 반해 구약은 현존의 비밀이 가득한 그 힘을 모든 보이는 것과는 구별하였고, 그 대신 인간 멸망뿐 아니라 구원으로 전환으로 해석할 수 있는 예측불허의 놀라운 역사 성취를 묘사하였다. 예측불허의 구원 경험이 이스라엘 신앙의 근거가 되었는데, 신비롭기까지 한 현존의 강력한 비밀은 깊이를 측량할 수 없이 은혜로운데, 택한 백성에게 그리고 인류에게 기꺼이 선한 것으로 베푸는 하나님이다.

그러한 일은 우리의 삶의 현장에서 구체적으로 만나는 사건들이기 때문에, 인격적 능력으로 하나님은 개인에게 현존의 비밀로서 만나고 있다. 여기서 말하는 '인격'(Person)은 인간이 지닌 이미 잘 알려진 특성으로 인성의 유비로서 감히 다시 생각할 수는 없다. 이러한 습관은 가상의 하늘에 있는 이상적 인간의 단순한 투사로서 인격적 하나님에 관한 대화를 진부하고 받아들일 수 없는 것으로 이끈다.

최근 백 년의 경험은 인간적 인성을 향한 개념과 그것이 지니는 존엄은 당연한 귀결이 절대 아님을 가르치는데, 존엄은 하나의 종교적 경험과 별개로 이해할 수 없다. 인간의 인격성과 그를 향한 불가침성에 관한 사상은, 그 현존의 비밀을 경험할 수 있는 수단의 투사인데, 인간을 언급하고 이해하기 위해서 서술한다.

첫째, 하나님 언약의 파트너로서, 존엄의 영역으로 포함된 사람은 인격체로서 발견되었다.

그리스적으로든지, 기독교-성경적 뿌리에서 보더라도 현대 인간 이해는 종교적 성향을 지니고 있다. 그리스인은 인간을 이성적 개체로 보았는데, 인간이 우주를 통치하는 신적 로고스에 동참하는 것이다. 성경에는 무엇보다 인간을 하나님의 형상으로 바라보는데, 세상 가운데 하나님의 등장과 하나님의 주권을 대변하는 근대적 인간 개념이다. 이러한 특성으로부터 신성불가침한 인간의 속성을 가지는데, 곧 살인을 금하는 근거가 된다.

한 너(Du)를 향한 한 나(Ich)로서 인간 인격체를 향한 근대적 이해 배경에는 기독교 삼위일체가 자리하고 있다. 아버지로서의 너는 아들로서의 나가 배경이 된다. 곧 신적 비밀을 만남으로 인해 인간 자신의 실존 신비에 대한 자각으로 이끈다. 그것은 잘 풀리지 않는 신비인데, 도대체 어떻게 인간이 다음과 같은 사고에 빠져들 수 있었는지, 인간은 처음엔 모든 신앙적 경험으로부터 무관한 자아 스스로 독립적 인간(Person)으로 이해했었다,

마치 18세기 이전 종교로부터 온전히 자유로운 하나의 세속적 존재였던 것처럼, 인간 사상(Persongedanken)을 그들의 종교적 경험에 떠넘기기 위해서였다. 그것은 인류의 역사와 자아 인식의 역사로부터 터득한 모든 것의 투사다.

먼저, 신적 비밀의 인격성을 경험하면서인데, 고대 이스라엘이 했던 것처럼, 모든 실체를 다스리는 신비하기 짝이 없는 힘을 역사의 구체적 상황 가운데서 뜻밖에 만나게 되므로, 게다가 앞선 선언과 본인 자신의 상관성을 스스로 인식하면서, 무엇보다 자비로운 구원 선언 가운데 신실하게 머물렀다.

둘째, 인간이 신적 권세의 신비 안으로 들어감으로써, 인간과 맺은 하나님의 언약을 통해 인간 또한 인격체(Person)가 되었다.

인간을 기꺼이 인격체라고 말하고자 하는 모든 것을 넘어 신적 비밀의 인격성으로부터의 차별성, 선 서열 안에서, 그와 더불어 하나님을 향한 모든 신인 동형설적 상상들에 역시 맞서, 하나의 새롭고 더 심오한 하나님의 인격성을 향한, 하나님에 관한 대화를 향한 출발점이 되는데, 무신론적 비판으로는 더 이상 미치지 못하는, 비판은 실체 안에서 인간 자신과 인간적 관계들의 거울에 비친 과장된 상들을 향해 일어나는데, 인격적 하나님에 관한 대화를 인간으로부터 투사되는 하나님을 향한 상상으로 향하게 한다.

하나님을 향한 고백을 전능한 아버지로 만들었던 옛 크리스천들은, 현존의 비밀을 인격적으로, 그로 인해 하나님으로서 이해하는 우리의 어려움을 이해하지 못했었다. 고대 철학과 종교의 허구에서 볼 때 그것은 절대 문제가 되지 않았다. 당시 여러 신 대신에 모든 것 위에 뛰어난 전능한 유일한 **한**(ein) 하나님이 있다는 것이다.

이 물음은 재차 우리를 더는 불안하게 하지 않았다. 아마도 우리는 조금이라도 이에 반하여 이의를 제기했어야 했는데, 신적 실체를 일반적으로 유일무이한 전능으로서 생각하는 것에 대해서다. 거기서 우리는 당시 쟁취되었던 영적 결정들의 상속인들이다. 그러나 우리는 이 유산을 각자 자신의 것으로 만들 수 있는데, 요컨대 그 현존의 비밀을 개인적으로 만나는 것을 우리 스스로 확신할 수 있을 때다.

우리 역시 여전히 하나님을 아버지라고 일컬을 수 있는지 묻지 않을 수 없다. 공개적으로 물론 고대에서는, 아주 광범위하게 아버지라는 이름이 한 분 또는 가장 높으신 하나님을 위해 앞에 언급한 때, 가부장적 사회 구조와 연관성이 깊다. 우리 시대 경험에 따르면, 신적 비밀을 사적으로 일컫기 위해, 아버지라는 명칭을 우리는 거의 선택하지 않을 것이다.

그러나 아버지라는 이름은 그 무엇과도 바꿀 수 없는 상징이지만, **예수님**이 아버지라고 불렀던 예수 하나님으로서 사적인 하나님과 동일시한다. 사도신경과 더불어 하나님을 아버지라고 부름은 우리에게 나타난 하나님의 실재를 가장 적절하게 드러내기 위한 이름이라기보다는, 하나님을 향해 우리가 예수님을 고백하는 바를 의미한다.

그것은 다시 이스라엘의 하나님, 그의 전능하신 세상 통치가 먼저 오심 가운데 있고, 이미 모든 현재가 보이지 않는 숨어계신 하나님에 의해서 규정되고 있는데도, 하나님은 그의 신성 가운데 장래에 드러날 것이다. 그러기에 이로부터 가장 분명해지는 것은, 신앙이 없이는 이러한 하나님을 알 수가 없다는 사실이다. 사람들은 그리스의 신들을 믿을 필요가 없는데, 이유는 그리스인들에게 신들은 아주 끝없이 **거기에(da)** 있기 때문이다.

그렇지만 사람들이 하나님을 믿을 때만, 이스라엘과 예수의 하나님을 알 수 있는데, 그 권세의 모든 과거와 현재의 경험에도, 그 신성의 포괄적 계시와 그의 통치의 임함은 여전히 미래적이기 때문이다.

하나님 예수의 신성과 통치가 뜻하는 바는 연이어 계속되는 사도의 고백들이 말하는 바다. 그것은 예수님의 역사에서 계시 되고, 그의 교회에서 구체화 되는 것들인데, 다름 아닌 하나님에 관한 것이다.

먼저, 아들에 관한 구절과 성령에 관한 구절로서, 예수께서 전한 아버지가 누구인지를 보여 준다. 아마도 그 내용은 역시 우리에게 하나님 칭호보다 아버지 하나님의 이름을 더 밝히 드러낼 것이다. 그로부터 우리가 기독교적 유전의 상속인이 됨에서 출발해, 하나님이 장래 그의 전능 안에 있는 우리의 역사에서 확증되고, 죽은 자들을 일으키는 그의 성령을 통해 그의 본연의 삶에 진정한 아버지로서 하나님은 우리로 참여하게 하실 것이다.

서로 나누고 싶은 물음들

3

천지를 만드신 창조자

하이모 돌흐^{Heimo Dolch}*
본대학교 근본신학자

그리스도인은 사도들의 신앙고백에서 하나님을 하늘과 땅을 만든 창조자로 인정한다. 이 고백이 무엇을 말하는지를 볼프하르트 판넨베르크의 앞선 해설 "나는 전능하신 하나님, 전능하신 아버지를 믿사오며"에 이어 확실히 할 것이다. 그런데 그의 글 중 두 가지가 나를 가만히 두지 않는다.

---

* 돌흐(H. Dolch)는 1912년 라이프치히 근처 뵐리츠-에렌베르크(Boehlitz-Ehrenberg)에서 태어나 1984년 72세를 일생으로 바드 혼네프(Bad Honnef)에서 소천했다. 그는 드레스덴과 라이프치히에서 물리학을 공부했으며, 1936년 자연과학 박사 학위를 취득했다. 마인강 변 프랑크푸르트에서 신학을 공부한 후, 1946년 사제 서품을 받았다. 1951년 신학박사 학위를 취득했다. 1954년 근본 신학에 관해 교수 자격 논문을 뮌스터와 괴팅겐에서 썼다. 1963년부터 근본신학, 종교철학, 자연과학과 신학 사이의 경계에 관해 가르쳤다. 1977년 본대학교 조직신학 교수직에서 은퇴하였다.

첫째, 니체 이후 '하나님의 죽음'에 관한 이야기는 볼프하르트 판넨베르크의 말대로, "인간의 신에 관한 생각(Gottesgedanken)은 단지 인간의 꿈들, 인간 자신이 투영된 그림들이 그 내용이기에, 인간과는 무관한 독립적 실제를 묘사하는 것은 아니다"라고 여겨진다.

이러한 대화는 동시에 "무엇보다 신앙적 예배의 감흥이 사라짐으로부터" 온다는 것인데, 그것을 통해 기독교 신앙 표현의 전통적 계승의 길에 있어 형성되었었던 하나님을 향한 특정한 상상의 불충분성을 보여 준다.

판넨베르크는 첨언한다.

> 대체로 실체의 경험은, 사람들이 하나님에 관한 대화를 중지한 하나의 차원에서 볼 때 더 빈약해졌는가?
> 하나님이라는 말은 인간과 세상의 그 현존(Dasein)의 측량할 수 없는 깊이를 암시한다. 모든 다양성 가운데 실제의 다양성도 일치성도 아닌 것을 우리의 학문적 인식을 통해 예측하게 하는데, 그것은 넘치는 신비로 남는다. 그것은 지식의 진보를 통해 요구하는바, 어쩌면 실체를 향해 선(先) 학문적이며 원시적인 견해가 아닌, 인식을 위해 우리의 지식에 상응하게 실체의 무한한 것을 향한 인식이 증가한다.

그렇다면 나는 다음의 표현에 다시 생각을 기울인다.

하나님에 관해 말할 때, 유한한 것들과 실제로 일어난 사건들의 배경으로서 현존의 비밀이 언급될 뿐 아니라, 하나님의 말씀이 말하는바, 인간 역사 가운데 벌어진 사건들 가운데 그 현존의 비밀이 강력하게 체험되고 있다. 타 종교들은 대부분 유한한 것을, 예를 들면 천체 같은 것을, 그런 신비로운 힘으로 묘사한다.

이에 반해 구약은 그 현존의 비밀 가득한 능력을 모든 보이는 것들과는 차별화하여 구별하고, 대신 놀라운 예측불허의 역사 가운데 그의 활약에서 만난다. 그것은 인간을 위해 멸망뿐 아니라 구원하는 전환으로 해석할 수 있는 그의 활약이다.

특히, 예측불허의 구원 경험들은 이스라엘 신앙의 근거가 되었는데, 능력 충만한 그 현존의 비밀은 자기 백성에게 끝없이 은혜로우시며, 인류에게도 기꺼이 좋은 것을 제공한다는 것이다.

이 두 표현에 우리의 숙고를 연결하려 한다. 예를 들어, 시편에서 보여 주는 것처럼, 이스라엘 백성은 항상 묻고 또 물었다.

예측할 수 없는 때 구원하시며, 아버지처럼 자비롭고, 인간에게 기꺼이 좋은 것으로 베푸시는 그는 과연 누구인가?

이러한 물음을 향해 상상을 허락하지 않는 답은, 시편 29편이 말하는 것처럼, 이스라엘을 구원하는 그분, 레바논 백향목을 뿌리 근원부터 비틀어 꺾는 그분, 들 송아지처럼 산들을 뛰게 하고, 광활한 사막을 진동하게 하는 그분은 과연 누구인가?

이러한 것은 그림-비교들로서, 배경에는 훨씬 나중에 그려진 창조 기사가 창세기 1장에서 조직적으로 전개되는 표현을 은연중 보여 준다. 이스라엘을 구원하시고, 자비로 인도하시는 그는 다른 많은 능력자보다 더 강력한 분이 아니라, 모든 인류의 절대적 주님이시며, 모든 만물의 창조자라는 사실이다.

우리는 신앙고백 첫 구절에서 깨닫는 바가 있는데, 전능의 관점에서 하나님 아버지의 능력은 마땅히 드러나야만 한다는 사실이다. 그런 맥락에서 우리의 신앙 조항은 설명하고 계속해서, "나는 전능하신 아버지 하나님을 믿습니다"에 이어진다. 그렇다면 바로 이 대목에서 피해야 할 것은, 하나님에 관한 기독교인의 생각과 대화에서 쉽게 천박한 친숙함으로 빠져드는 일이다.

예를 들어, 하나님을 '사랑하는 하나님으로' 생각하여, 경솔하게 너와 너로(Du und Du) 맞먹게 될 수도 있는데, 물론 크리스천은 하나님에게 너(Du)라고 할 수도, 또는 마땅히 그래야 하지만, 신앙의 진리는 예수 그리스도가 믿는 자에게 아버지에게로 가는 길을 열었으며, 그 진리는 옛 언약의 모세와 선지자들이 밟고 서 있던 단지 그 근거, 측량할 수 없는 하나님의 존엄 앞에서 경외와 함께 오는 전율 위에서, 그러한 고유한 테두리 안에서 성장하고 열매를 맺는다는 점이다.

그래서 우리의 신앙 조항은 깊은 하나의 의미가 있는데, 하늘과 땅이 무엇을 의미하는지, 물어볼 필요 없이, 그것은 그냥 '존재하는 모든 것'을 대체하는 말이다. 당연히 우리가 대화 상대자에게 뭔가를 우리에게 보증하기 위해 굳이 같은 방식으로 요청하지 않는 것처럼, 자기 말이 진실임을 증명하기 위해 어법을 사용한다. 우리는 그의 의도를 이해하는데, 즉 그가 즉 모든 점에서 한결같이 진실하게 행동한다는 것이다.

둘째, 예를 들어, 시리우스-별자리나 안드로메다-성운을 생각할 때다.

인간의 아버지 하나님에 관한 대화는 신화적이거나 동화적이어서는 안 되고, 뭔가 사실적이어야 하는데, 그렇다면 시리우스 별자리의 아버지 하나님이라고 아주 공개적으로 일컬어질 수는 없다. 시리우스-별자리, 안드로메다-성운 같은 이런 눈에 보이며 연구 가능한 것에 관한 질문으로 그렇게 비종교적인지 하는 것이다.

오늘날 사람들이 종종 주장하는 것 같이, 그로부터 하나님에 관해, 하나님 앞에서 말할 수 있는 것이 아무것도 없다. 우리의 신앙 조항은 하나님과 무관한 것은 있을 수 없음을 우리에게 가르친다. 하나님은 만물의 창조자다. 사람들이 모든 만물의 절대적 종속성을 자연적 오성(悟性)으로 인식할 수 있든지 그렇지 못하든지, 우리는 지금 이 질문을 아주 완벽히 제쳐 놓는데, 이 지점에서 신앙 조항을 설명하기 때문이다.

이 신앙 조항에서 크리스천은 예수 그리스도가 인간을 구원하기 위해 사람이 되었으며, 그러므로 하나님의 구원 사역의 활약은 인간을 향하고 있다고 증언한다. 그의 구원 사역은 오직 인간만을 향하고 있는지에 대해, 크리스천들은 수백 년 동안 물어야 했는데, 하나님의 구원 대상은 인간을 훨씬 넘어서서 기꺼이 하나의 우주적 차원이라는 사실이다. 우리는 떼이야르 드 샤르뎅(Teilhards de Chardin)의 발언을 그 예로 기억한다.

우리는 더는 이 물음을 분석하지 않을 때, 단지 확인하게 되는데, 하나님의 모든 사역은 단지 인간을 위해 행해졌고, 행해지고 있는 것은 아니라는 것이다. 인간 외적 창조 역시 의미가 있다. 그렇지만 인간 없는 세계는 그 자체로 의미가 충분하다고 주장하지 말아야 하는데, 단지 피해야 할 것은, 인간에 의해서만 세계는 그 의미를 부여받는다는 말이다.

이제 우리 신앙 조항의 두 번째 의미를 인식하는데, 앞선 조항 "나는 아버지 하나님을 믿습니다"를 한편으로는 추가 설명하고, 다르게는 과거나 현재 몇몇 개인에 의해 주장되었던 하나님 계시에 대한 인간 중심적인 편협한 이해를 저지한다.

하나님과 그의 계시 말씀은 인간과 인간의 구원 외에 훨씬 더 많은 것을 풍요롭게 다루고 있다. 세상에 존재하는 모든 것을 다룬다. 그러기에 우리 신앙 조항으로부터 충분하지는 않지만, 나의 이런저런 다양한 언급의 마지막 출처로서 하나님의 묘사는 확증되는데, 나 자신에게 언제나 하나님 말씀의 의미를 묻는, 성경의 실존적 해석 역시 우리의 신앙 조항을 통해 정당한 경계 안으로 향할 것을 요청한다.

3. 천지를 만드신 창조자 51

여기서 또한 한 걸음 앞으로 나갈 수 있을 것이다. 하늘과 땅, 천지가 뜻하는 바를 이제 물을 수 있으며, 동시에 보다 어려운 하늘의 의미를 찾는데 주의를 기울여야겠다.

고대 세계상은 잘 알려진 대로 지구 중심적으로, 사람들은 세계의 중심에 지구가 있다고 생각했는데, 지구는 대략 원반으로서, 그 아래에는 지하 세계가, 그 위에는 지상 제국 하늘이 있다고 여겼다. 그 결과 하늘은 체류가 가능한 세 장소 중 하나였다. 이러한 단순한 세계 그림은 코페르니쿠스 이래 당연히 사라지고 말았다. 더는 하늘을 향한 이런 식의 해석은 불가능했고, 우주 비행사들이 하나의 우주 공간으로 단지 연구하고, 거기로 우주선을 보내고 그와 더불어 기꺼이 사람들이 침투하기 시작했다.

그렇다면 하늘에 관한 신학적 대화는 여기서 끝났는가?

사람들이 신약을 기록하고, 사도신경을 형성하던 때, 그들이 우리와 아무것도 다르지 않게 하늘을 이해했다고 가정한다면, 어떨까?

그러나 그들은 그렇게 했다!

주기도문 "당신의 뜻이 하늘에서 이룬 것 같이 땅에서도 이루어지이다"에서 우리는 그것을 확인하게 된다.

예를 들어, 창조자 하나님에 의해 만들어진 확실한 자연법칙을 따라 별들이 운행하는 하늘에서 아버지의 뜻이 이루어지길 바라는 기도의 의미는 마땅히 무엇인가?

이 기도는 확실히 의미가 있는데, 역시 하늘에 무언가가 비로소 존재할 경우로, 그가 단순히 자연법칙을 따라 순환하는 것이 아닌, 고유의 방법으로 나름 행동할 수 있을 때다.

또한, 우리는 빌립보서 1:10에 나오는 그리스도 경배 송의 결론부 "… 하늘에 있는 자들과 땅에 있는 자들과 땅 아래 있는 자들로 모든 무릎을 예수의 이름에 꿇게 하시고 …"를 기억한다. 이렇게 우리는 확실히 지리학적으로 가능한 세 장소의 열거만이 아닌, 세 영역을 앞에서 짧게 언급했다.

그런데 이러한 말이 다시 뭔가 의미가 있기 위해선 전제가 필요한데, 아버지의 뜻을 이루는 존재가 하늘에 있어야 하는데, 하나님 아버지를 경배하며, 고백할 수 있고, 마땅히 고백해야 하는, 즉 영적 존재다. 우리에게 인간은 여전히 그만큼 호기심이 많은 존재일 수 있는데, 의심 없이 그 존재를 믿는 신자들에게, 이 존재들이 어떤 존재인지를 인식하는 것은 물론 불가능하다. 물론 역시 비신화란 이름으로 신자들에게 성경을 불신하게 만드는 일은 마땅히 피해야 할 것이다.

성경이 구원하고 심판하는 하나님의 말씀일 때, 그 말씀이 언제 구원하고, 언제 심판하는지, 어디에서 우리는 그것을 정확히 알 수 있는가?

구원을 위한 하나의 진술을 우리가 생략하는 그 어딘가에서 심판은 행해지지 않을 수도 있을 것이다. 신약성경 에베소서 6:12에서, "무엇보다 우리는 혈과 육(땅의 권세들)을 대적하는 것이 아니라, 통치자들과 권세들과 이 어둠의 세상

주관자들과 하늘에 있는 악한 영들을 대적하여 싸워야 한다"라고 말했다.

그 기자가 역시 빌립보서를 기록하면서 이를 본인 개인의 사견이라고 표현한다면, 이러한 증언은 하나님의 계시에 속하겠는가?

그러한 것을 확인시키기 위함이 우리 신앙 조항 "나는 하늘과 땅의 창조자를 믿습니다"의 세 번째 의미다.

서론에서 발터 폰 뢰벤니치가 언급한 것처럼, 신앙고백은 한 세기가 흐르는 동안 한 걸음 한 걸음 나아가며 이루어졌다. 우리 신앙 조항의 개별적 단계는 다음과 같다.

나는 아버지 하나님을 믿습니다.
나는 전능하신 아버지 하나님을 믿습니다.
나는 만물의 창조자 전능하신 아버지 하나님을 믿습니다.
계속되는 조항이 이루어지면서, 그와 함께 위 세 조항은 그 의미가 명료해진다.

나는 보이지 않고 보이는 실체들의 창조자 전능하신 아버지 하나님을 믿습니다.

그리고 이 부분은 하늘(보이지 않은 실체)과 땅(보이는 실체)의 창조자를 말하면서, 한편으로는 대체하고, 한편으로는 명료화한다.

바로크 시대를 살았던 사람들이 생각하는 천사처럼, 더 이상 이 힘을 단순히 상상하거나 설명할 수 없고, 오늘을 사는 우리가 오히려 그것을 익명으로, 게다가 연합적으로 고백해야 하겠다. 우리가 나치의 선전 부장 괴벨스(P. J. Goebbels)를 경험해야만 한 이후, 그의 안짱다리는 사탄의 가시적 수식어는 더 이상 아니었고, 여전히 아우어바흐(Auerbach)의 지하실에서 사탄의 세력은 더욱 강력해져 갔다.

저명한 프랑스 사제 이브 콩가르(Yves Congar)는 말한다.

> 우리가 교회를 '에크레시아 밀리탄스'(ecclesia militans) 또는 '투쟁하는 교회'로 묘사할 때, 이것은 믿는 자들이 지금도 애써야 한다는 말일 뿐 아니라, 그와 더불어 언젠가 천국의 안식을 누릴 수 있음을 의미한다. 훨씬 더 나아가 의미하는 바는, 교회는 어둠의 세력들을 대적해 꾸준하고도 극적인 싸움 중에 있다는 것이다. 그리스도인 그 누구도 악령을 대적하는 '영적' 투쟁을 반대할 수 없는데, 분명한 진실은 이에 대해 극소수만이 언급한다는 것이다.

셋째, 우리 신앙 조항의 의미를 위해 하나의 거대한 구원사에 우리의 관심을 일순간이라도 두고자 한다.

그와 더불어 인간의 구원자와 보이고 보이지 않은 땅과 하늘, 곧 만물의 완성자로서 예수 그리스도를 보여 주는 뒤따르는 조항으로 향할 수 있을 것이다.

서로 나누고 싶은 물음들

4

나는 하나님의 독생자, 우리의 주, 예수 그리스도를 믿습니다

칼 라너 Karl Rahner *

뮌스터대학교 교리사 교수

오늘날 사람들이 예수 그리스도에 관해 뭔가 신앙적으로 그리고 신학적으로 충분한 가치를 스스로 표현하고자 할 때, 예수를 그리스도로 여기는 신앙의 본질 그 자체를 하나의 행

---

* 라너(Karl Josef Erich Rahner)는 1904년 프라이부르크(Freiburg im Breisgau)에서 태어나, 1984년 80세를 일기로 오스트리아 인스브루크(Innsbruck)에서 소천하였다. 1922년 예수회 회원이 되었으며, 1924-1933년까지 네덜란드의 발켄부르크(Valkenburg)에서 신학을, 철학자 하이데거(M. Heidegger) 옆에서 철학을 공부했다. 1932년 성직 서품을 받은 그는 프라이부르크에서 1939년에 『세상 가운데 계시는 성령』이라는 저서를 출간했는데, 중단한 박사 논문과 연관이 있는 걸로 생각한다. 1937년 인스브루크에서 사강사(Privatdozent), 1939년 티롤에서 추방되었고, 빈(Wien)에서 사목(司牧)했다. 1944년 니더바이에른(Niederbayern)에서 담임신부가 되었으며, 1948년 인스부르크의 교리 신학자가, 1944년부터 독일 뮌헨에서 가르디니(Romano Guardini)의 후계자로서 1967-1971 뮌스터에서 교의신학과 교리사 교수로 봉직했다. 1971년 이후 다시 뮌헨의 철학대학(Hochschule für Philosophie)의 명예교수로서 신학과 철학의 경계 질문을 주제로 가르쳤다.

위로써 서술하지 않고서는 불가능하다.

먼저, 이루어진 사건으로 신앙을 말할 때, – 그리고 거기에 내재된 내용도 – 그러기에 마땅히 전제되어야 할 것은, 신앙은 벌써 오늘 우리에게 정당하게 의심되는 사적 주관성과 함께 이해되는데, 그렇게 될 때 신앙은 **교회** 내적이고 **그들의** '제도적' 신앙 진술을 향한 순종에서 성취된다. 그럴 때 오늘에도 구속력 있는 신앙고백의 좋은 의미가 항상 자리하게 된다. 교회 신앙 안에서 그리고 교회와 함께 인간 예수는 사람에게 스스럼없이 속마음을 털어놓는다.

그러나 이 일은 인간이 **본인 스스로** 이 타인과 교제하면서, 하나의 절대 신뢰 안에서, 사람들이 신뢰의 절대성 때문에 전혀 적절하게 파악하지도, 부르지도 못하는 그분이 현존하는 모든 영역에서 그리고 무제한성의 소망 안에서, 총체적 신뢰의 정당성과 성취를 이룬다.

인간 본인 스스로와 절대적 위임 차원에서 신뢰하는 그를 다양하게, '주', 절대적으로 '하나님의 아들', '용서하는 분', '구세주' 그리고 신약 이후에는 이미 그에게 맞는 수천의 다른 이름으로 부른다. 그렇다면 거기에 하나의 중요한 물음은, 그러나 본질에서는 여전히 부차적 질문으로, 다양한 인간의 그런 전체적 요청의 많은 관점 안에서 어떤 특정한 상황에서 가장 먼저 이런 만남이 성취되었는지다.

예를 들어, 그 안에서 사람들이 허물을 용서받고 위로받는, 얼른 보기에는 온전히 사적 맥락에서, 또는 그 안에서 세상

전개의 오메가, 역사의 심각한 종말을 바라보는 하나의 보편적-역사적 관점에서, 다시 말해 우주적 관점에서 그를 신뢰하며 받아들이는지다.

모든 인간은 예수 그리스도를 향해 본인 스스로 엄격한 신앙의 모든 문이 되려고 하는데, 그분에게로 향하는 다양한 통로는 처음부터 단지 하나의 의미만을 가질 뿐이다. 그러기에 여기서 던져서는 안 되는 물음이 있는데, 어떤 사람이 그 구체적 인간 예수를 그렇게 만났는지, 그를 향한 숙고의 행위가 과연 온전히 이뤄졌는지 등에 관해, 무엇이 모두 거기에 속하였는지 하는 것이다.

기독론과 우리의 숙고를 위해 그것이 여느 때와 똑같이 결정적 의미가 있더라도, 여기서 개개인 모두가 이해하게 할 수는 없는데, 그 타인을 신뢰하고, 바라고, 사랑하는 본인 자신으로부터 깊은 교제의 자유로운 행위 안에서 – 아마도 여전히 그렇게까지는 성찰하지 않은 – 이러한 행위의 마지막 근거로써 우리가 '하나님'이라고 말할 때, 우리가 의도하는 그것을 인식하고 받아들이기 때문이다.

이것은 여전히 한 번쯤 전제하고, 지금 말할 수 있게 되는데, 누가 어디에서 **정당하게** 그 타인에게 **아낌없이** 속마음을 털어놓는지, 어디에서 이 타인은 **자기 스스로**, 그에게 근거를 내줄 수 있고 그분 안에서 그 누구에게도 받지 못하는 전권을 하나님으로부터 받는, 이러한 절대적 신뢰를 기꺼이 받아들이는지, 단 한 번의 하나님과 철저하게 고독한 연합 가운데 이 다른 사람은 존재하기 때문이다. 그 연합은 정통 기독교 신앙이 예수에 관해 고백하는 그것을 통해 최후까지 바르고 확실하게 해석되는데, 항상 그러한 신뢰자 본인이 이 경험을 본인 스스로 이해하고 해석하는 것과 다르지 않다.

솔직히 현대를 사는 우리는 주위 사람들에게, 하나님이 사람이 되었다는 교리를 들으면 우선 신화처럼 들린다고 털어놓을 것이다. 절대, '현실적으로 이뤄질 수' 없는 이야기로. 신인(神人)에 관한 기독교의 실질적 신앙 교리가 말하는 바를 우리가 꼼꼼하게 들을 때, 그래서 **아주 정통적이고, 그렇지만 신실한** 신앙인이 되기 위해서는, 근본 교리 그 어떤 것도 '비신화화할' 수 없고, 그것을 단지 바르게 이해해야 하는 것을 우리는 깨닫는다.

우리가 일상어의 틀로 "하나님이 사람이 되었다"라고 말할 때, 우리는 본의 아니게 신이 인간으로 변함을 생각한다. 아니면 이 문장에서 하나님은 스스로 세계사의 무대에서 본인을 인지하게 하려고 제복을 입은 하인, 손발이 움직이는 인형, 또는 그런 비슷한 인간이 되었다고 우리는 이해한다.

그러나 앞의 두 이해는 바보 같은 짓이며, 기독교 교리가 실제 말하고자 하는 것은 그 반대다. 하나님은 하나님으로 존재하기에, 변신하지 않는다. 그리고 예수님은 실제로, 진실로, 유한한 인간이며, 하나님의 불가지성을 경배하는, 우리 모두와 차별이 없이 자유롭고 순종적 인간으로 우리는 그를 경험한다.

그럼 기독교 신앙의 이 신조(信條)는 과연 무엇을 말하려는가?

방금 우리가 위에서 말한바 의미 안에서 숙고할 때, 교리상 아무 문제가 없고 정당하다. 한편으로, 하나님과의 전적이고 단회적 연합 가운데 있어야 하기에, 본인 스스로에 의해, 하나님을 향한 절대적이고 조건 없는 신앙 행위를, 위임하고, 받아들일 수 있도록, 전권을 위임하고 받아들일 수 있도록 한다.

다르게는, 위의 설명에 근거할 때, 하나님 성자 예수와 성육신의 영속적 비밀을 실존적 틀 안에서 우선 이해해야만 하는데, 그것은 인간의 영적 자아 성취를 의미한다. 인간은 항상 근원을 찾는 존재, 동시에 어딘가로 부름을 받은 자, 우리가 하나님이라고 부르는, 말할 수 없는 비밀이신 그분을 향해 예 또는 아니오, 둘 중 하나로 답해야 하는 자로 살아간다.

과거로의 근원과 미래로의 지향이 바로 영적 인간의 본질이다. 이것이 확실하게 성취될수록, 더 독립적 인간이 되는데, 그럴수록 인간은 그만큼 더 자유롭다. 성취된 근원과 지향은 그러기에 같은 하나로서, 성숙 된 상태에서 하나님의 은사며 **그리고** 동시에 인간의 행위다. 그렇다면 이제 인간이 절대적 순수와 엄격성 안에서 하나님으로부터 그의 존재를 받아들일 때, 그래서 하나님의 본인 진술과 세상을 향한 거역할 수 없는 하나님 본인의 약속이, 하나님이 진실로 존재하였던 세상에서 구체화된다.

그러면 우리가 교리상 바르게 믿는 그 의미에서 우리가 일컫는 '성육신'이 행해진다. 신적 인간, 신성과 인성의 연합 교리 안에서 그러한 신비가 의미하는 바가 드러나고, 존재론적-실재론적 틀 안에서 설명된다. 그럴 때 역시 실존적 개념들 안에서 이해할 수 있다. 그 진술의 이 상대적 호환성은 단지 하나의 전제가 요구되는데, 모든 실존적 표현은 이미 존재론적인 것을 포함하고 있든지, 아니면 그 반대다.

단지 우리가 이해하는 전제가 있는데, 이러한 종류의 인간 행위는 인간에게 향한 하나님의 행위가 앞서 있다는 것이다. 또한, 우리가 확실히 해야 하는 것은, 인간 자체는 근원적으로 손을 타지 않아야 하고, 단지 외곽에 덧붙여지고 그러기에 더는 급진적으로 가져와서는 안 된다고 하면서, 하나님과 인간 사이, 이 관계가 단순히 차후에 일어나는, 부차적인 하나의 '견해'로 우리가 오해하지 않아야 한다.

바른 이해의 조건은 단순히 이해하는 것인데, 하나님을 향하는 단순히 열린 물음을 하나님이 인간에게 진술하는 것은 아닌데, 물음이란 우리 자신이 대상으로, 역시 단회적으로 제시했는데, 조건 없이 본인 스스로 즉각 받아들이는 것으로, 하나님은 가능성과 구체성을 그 물음에 부여했는데, 바로 그곳에 하나님 본인이 존재한다.

예수 그리스도를 향한 믿음의 복음은 신화와 동화를 나열하는 식이 아니라, 기꺼이 인간의 최후 존재 가능성의 구체화를 위한 급진적, **단회적 사건이다**. 신앙은 나사렛 예수 그리스도를 구세주로 영접하는 용기를 요구한다.

예수는 하나님 안에서 터를 놓은 본인 본질(?) 최후의 깊은 곳으로부터 하나님께 순종함으로 그와 하나가 되었으며, 죽은 자 가운데 부활한 후 나타나, 예수는 이미 하나님으로부터 항상 받아들여진 그가 되었고, 또한 그로서 역사하게 되었는데, 그렇게 하여 그의 실재가 그의 생애 가운데 성취되었고 참 인간 예수 안에서 자기 약속의 하나님이 역사하는 급진적 전제 안에서 그리고 그 전제를 통해 세상을 향한 되돌릴 수 없는 하나님의 자기 약속이 역사적으로 구체화되었다.

이제 방향을 좀 달리하여 생각한다면, 나사렛 예수를 절대적으로 신뢰하고, 그 안에서 하나님이 조건 없이 그리고 철회할 수 없이 약속하고, 예수를 향한 신뢰와 사랑 가운데 한 인간과 그와의 구체적 만남이 성취된다. 하나님은 이러한 경험을 항상, 선하게 또는 나쁘게, 넉넉하게 또는 부족하게 기꺼이 해석하는데, '하나님'과 함께 추구하는 바가 그렇게 경험된다.

그런 후에야 우리 정통 그리스도인이 '성육신'이라 일컫는 것을 실제로 믿는다. 하나님은 온전히 하나님으로, 인간은 아주 철저하게 인간으로 머무는, 하나님과 인간이 잘못 섞이거나 절대 분리될 수 없는 연합은 믿음의 그리스도 예수 안에서 둘은 하나가 되는데, 혼합되거나 분리되지도 않는다. 우리가 온전히 그를 신뢰하여 그에게 모든 것을 맡길 때, 오직 그와 함께 우리는 살게 되는데, 우리는 그가 **누군지를 직**

접 경험한다. 그리고 그가 존재하는 그 안에서 이러한 신뢰는 근거를 가진다. 이 순환 논법은 취소될 수 없다.

사람들이 그것을 명확히 알든지 그렇지 못하든지, 사람들은 항상 신과 인간을 일체로 바라본다. 그리스도인은 나사렛 예수 안에서 그 둘을 하나로 발견한다. 그로부터 모든 다른 사람들을 위한 사랑을, 그들의 칭의를 경험하고, 그들 최후 근거로 나아온다. 그리고 모든 사람에게 주어진 하나님과 사람의 저 연합이 단회적 역사적 현현과 철회할 수 없는 최후 결정에 이르렀던 그 길 안에서, 그러한 모든 사랑은 저 나사렛 예수로 향하는 길이다.

교회는 긴 세월 말할 수 없는 수고로 점철된 교회사 가운데 어렵게 형성된 기독론 형태에 정당하게 결정적 가치를 부여한다. 가능한 다른 모든 이가 비판적으로 묻는 것은, 예수를 믿는 신앙은 종교사의 한 특정 시점에 나타난 순전히 종교적 천재나 선지자가 아닌, 절대적 구원의 중보자를 영속적으로 인정하는지다. 사람이 어디서 그리고 어떻게 항상, 믿고 신뢰하는 이것으로 받아들이는지인데, 그는 나사렛 예수와 십자가에 못 박힘을 받은 자, 다시 살아나신 자를 고백하는 신앙 안에서 이를 성취한다.

서로 나누고 싶은 물음들

5

성령으로 잉태되어, 동정녀 마리아에게 나시고

게어하르트 글로게 Gerhard Gloege*
본대학교 조직신학 교수

 아마도 두 문장 "성령으로 잉태되어, 동정녀 마리아에게 나시고"가 말하는 바를 오늘날 설명하는 일보다 우리에게 더 어려운 일은 없을 것이다. 1891년 일어난 '사도신경 논쟁'에

---

* 글로게(Gerhard Gloege)는 1901년 오더강 변 크로쎈(Crossen/Oder)에서 태어나, 1970년 본(Bonn)에서 69세로 일생을 마감했다. 베를린과 마르부르크에서 신학과 철학을 공부했고, 1928년 튀빙겐에서 신학박사 학위를 취득했다. 1927년 목사 안수를 받았으며, 1929년 하르츠 일젠부르크(Ilsenburg/Harz) 교회 설립 외국 신학교의 강사, 1933년 쿠베이스강 변 나움부르크(Naumburg am Queis)에서 담임목사로서 강도사 세미나의 교무 책임자였고, 1935년 나치 시대 '독일 제국의 감독'으로부터 면직되었다. 그는 바르멘고백교회 총회에 루터교 자문위원으로 참여해 중요한 역할을 했다. 1938년 3월 비밀경찰 게슈타포에 의해 추방되기까지 고백-신학교(Bekenntnis-Seminar)를 운영하였다. 1945년 에어푸르크 지역의 교구장(Propst)이 되었고, 1946년 예나(Jena)에서 조직신학 교수, 1961년 본에서 조직신학 교수로 봉직하다가, 1967년 '칭의론' 특강으로 교수직을 은퇴하였다.

서 하르낙(Adolf Harnack)은 말했다.

> 여기서 부정할 수 없는 사실은, 믿는 많은 그리스도인이 믿지 못하고, 그러기에 다르게 우회적으로 해석하는 것이 허용되지 않는 것이 있다. 바로 여기에 모든 기독교인 앞에 하나의 실질적 위기가 놓여있다. 이 상징은 신앙의 표현으로 정당하게 요구되지만, 두 문장이 말하는 진리를 확신하지는 못한다.

진솔한 사고를 하는 모든 자는 교리사가(敎理史家) 하르낙의 말에 동의해야 하는 것은 아닐까?

그러나 그러한 사고를 위한 변호는 물론 목표에 도달하지 않을 수도 있는데, 후손이 지극히 합리적인 교부의 판단을 정죄하려 했다고 가정할 때다. 10여 년 전쯤, 나는 바이마르 지역의 개신교 대학생 모임에서 이 문제에 관해 토론회를 인도했다.

'쉽게 믿을 수 없는' 두 문장을 방어하기 위해 토론 당사자들이 애를 쓰는 것을 본, 함께했던 이공계 학생들이 이러한 수고는 더 이상 요구되지 않는데, 현대 생물학은 낮은 생명체에서 처녀 출산(Parthenogenese)의 수단으로 동종 번식이 실제로 입증되었기에, 아버지 없이 이뤄지는 임신이 인간 영역에서도 특수적인 경우로 인정하는 것을 충분히 가정할 수 있다는 것이었다.

그러나 이런 특수한 경우는 지금까지 단 한 번도 어느 곳에서도 확인된 바가 없다는 사실을 제쳐 두고서라도, 그러한 인식은 우리의 믿음에 조금의 도움이 되지 않을 것이다. 이성주의의 노력이 우리에게 파괴력이 없게는 못할지라도, 우리의 사고를 더 확실히 유연하게 만들 것이라고 생각한다.

그러한 하나의 논쟁이 우리에게 어떤 도움을 줄 것인가?

놀라운 존재로서 예수에 관한 이 두 문장은, 이해하려 해야 하고, 마땅히 이해해야 하는 신앙, 다시금 우리로 그 믿음으로 향하라고 지시한다. 그렇지만 바로 이러한 신앙 포럼 앞에 주어진 두 문장은 다시금 곤경에 빠지게 되는데, 지금까지 제시한 가장 탁월한 이해보다 더 첨예한 이해를 여전히 요청하는 상황에 맞닥뜨린다는 것이다. 개신교 신앙은 성경과의 대화 안에서만 믿어야 한다는 것을 이해한다.

그러나 사람들이 생각하듯, "성령으로 잉태하여, 동정녀 마리아에게 나시고"에 신약은 절대 그토록 핵심적 의미를 부여하지는 않는다. 이 두 문장을 향한 동의가 '구원을 위해 꼭 필요한' 것은 아니다. 인간이 구원받기를 원할 때, 그는 모든 사람을 위해 십자가에 죽고, 하나님이 죽은 자 가운데서 다시 살린 오직 예수 그리스도를 믿으면 된다.

그의 생애 초반에 관해 물을 때, 신약은 매우 명확하게 대답한다. 그의 출현은 원리적으로 정확한 시점을 보여 주지 않는다. 그는 하나님의 "말씀"으로서 태초에 하나님 곁에 있었다(요 1:1).

바울은 옛 찬송을 가져와, "하나님의 본체시나, 하나님과 동등 됨을" 취하지 않고, 이 땅의 종의 형체를 취하기 위해, 그는 스스로 낮아졌다(빌 2:6-7)고 말한다. 더 분명하게는 "하나님이 그 아들을 보내사 여자에게서 나게 하시고, 율법 아래"(갈 4:4) 두셨다고 갈라디아서는 말한다.

위에 제시한 바울 서신의 말씀에 당연히 최고의 가치를 부여한다. 확실히, 위의 말씀들은 "신화적" 언어로 말하고, 그런 경향을 포착할 때만 이해의 문으로 향한다. 그 경향성은 그냥 지나칠 수 없는데, 그 말씀들은 구원을 향한 하나님의 뜻을 선언적으로 제시한다.

슐라이어마허(Schleiermacher)가 바랐던 것처럼, 요한복음 1:14 "말씀이 육신이 되어 우리 가운데 거하시매"라는 말씀은 '모든 교리학의 근본 본문'이며, '성직의 모든 직분 이행을 위해서도 다르지 않다.'

아들이 사람이 되었다는 바울 서신의 선포, 말씀이 육신이 되었다는 요한복음의 말씀은 동정녀의 출산처럼 성령을 통한 잉태를 향한 이의를 허락하지 않는다. 이전에 존재하지 않았던 것을, 말할 것도 없이 동정녀의 출산처럼 잉태도 우선 현존하도록 만든다. 하나님처럼 영원하신 아들, 영원한 말씀은 그러나 영원히 실제로 "존재한다."

이 복음에 근거를 둔 신앙은 높은 책무를 요구받는데, 복음을 깊이 숙고할 뿐 아니라, 생각하며 그 복음을 세상을 향해 눈에 보이게 하라는 것이다. 창작으로 나아가라고 복음은 선동한다. 루터는 신앙을 "신성의 창조자"라고 일컬었는데, 하지만 그것은 "그들 개개인 안이 아니라, 우리 가운데서"다.

그러기에 신앙은 바로 여기에서 일한다. 비몽사몽간이 아니라, 정신을 바짝 차리고, 생각하며, 구체적 형태로 일한다. 믿음은 환상이 아니라, 말씀의 실타래를 풀어 이 땅의 실체의 복으로 엮어 낸다. 복음으로부터 일어난 충격적인 것에 관해, 곧 선포된 인간화에 따라 일어난 일을 신앙은 보고하기를 시작한다.

초기 기독교는 인류에게 동화나 신화를 전해 주려고 하지 않았다. 그러나 초기 기독교는 일어났던 사건의 의미를 인식하게 하려고 경건한 이야기 형식을 빌려 왔다. 복음서의 두 곳에서만 그들의 신앙을 이러한 형태로 표현했다.

마태복음 1장과 누가복음 1장에서, 단지 이곳에서!

마태는 짤막한 여덟 구절로 설명하는데, 마리아의 임신 소식을 들었을 때, 요셉은 드러내지 않고, 그의 약혼한 마리아를 가만히 끊으려고 하였다. 그러나 그에게 하나님의 사자가 이를 허용하지 않았다. 그녀 안에 잉태된 아이는 성령으로 말미암은 것이며, 그의 백성을 모든 죄로부터 구원할 자라는 것이었다.

이사야 7:14을 따라, 이 모든 일이 된 것은 주의 약속을 이루려 하심이라는 것이었다.

> 보라 처녀가 잉태하여 아들을 낳을 것이요 그의 이름을 임마누엘이라
> 하리라 하셨으니 이를 번역한즉, '하나님이 우리와 함께 계시다' 함이라
> (사 7:14; 마 1:23).

천사의 분부대로 이 출생은 이루어졌고, 이 이야기는 끝난다(마 1:18-25).

위 본문과 함께 생각할 점은 두 가지다.

첫째, 기자는 기적에 초점을 맞추지 않고, 구원자를 이스라엘에 보낼 것이라는 하나님의 오래된 약속 성취에 초점을 맞춘다. 거짓말하지 않는 하나님은 예수 안에서 자기의 계획을 위해 팔레스타인으로 걸음을 시작했다.

둘째, 이스라엘 역사가 '수평적으로' 이뤄지는 성취, 위로부터 '수직적으로' 세상으로 침투한 선언된 사건으로 해석하는 모든 것에 복음서 기자는 집중한다.

그런 맥락에서 복음서 기자는 그의 보고를 "다윗의 아들, 아브라함의 아들, 메시아 예수의 역사"를 족보의 틀 안에서 기록한 17구절로 연결한다. 덧붙여진 이 보고가 아들이 사람 됨에 관한 근원적 복음과는 논리적으로 일치하지 않는다는 것을 후기 전승은 거의 지각하지 않았다.

그래서 그런지 똑같이 적은 분량으로 누가는 이 지점에서 하나의 긴장을 느꼈다. 그렇지 않았으면 그는 과도기 없이

바로 1장에서 2장으로 연결되도록 두었을 것이다. 누가복음 2장에 나오는 목자들의 이야기, 곧 우리의 '성탄 역사'는 '성령을 통한 임신', 거기다 '동정녀의 출산'도 알지 못하고 있다. 마리아는 비참한 이 땅의 협소함 가운데 아이를 출산한 갓 결혼한 아내다. 그녀가 중심에 있지 않고, 그녀의 **첫 번째** 아들이 중심에 있다.

가난한 목자들은, 구유에 누인 아이는 이스라엘을 구할 뿐 아니라, 세상을 구할 것이라는 소식을 듣는다. 이와는 다르게, 천사는 **마리아** 이야기 가운데 직접적으로 동정녀 마리아를 불러, 그녀에게 동정녀의 임신을 말로 전한다.

본문과 더불어 지나치게 협소한 근거가 동정녀의 출산에 관한 후기 **교의**(Dogma)를 떠받치고 있다. 마태복음 1장과 누가복음 1장으로부터 가져온 적은 몇몇 구절이 신약, 물론 마태복음과 누가복음까지의 총 증명서를 향해 모순이라 항변한다.

마태와 누가는 이러한 역설을 인지하지 않았는가?

명백하게 몰랐다.

왜 그랬을까?

오늘의 우리와 비교할 때, 그들은 예수 탄생에 관한 아주 다른 사고의 전제들과 함께 전혀 다른 편에 존재했기 때문이다. **우리는** 역사적 보고 가운데 있는 적나라한 '사실'에 관해, 기사 Reportage의 '타당성'에 관해 묻는다.

그러한 질문을 위해 보고 기사는 단지 의미가 있는데, - 상상의 지평 안에서 - 그 보고가 아들의 옴에 관한 복음을 그려내는 경우일 때다. 그들은 그들의 신앙을 불타게 하는 이 복음 "너희를 위해 오늘 구주가 나셨다"(눅 2:11)로 살았다.

이 복음을 향한 믿음 안에서 그들은 하나님의 일을 해석하는데, 그렇게 할 때 당시 헬레니즘-로마 세계, 곧 당대 유대교가 그 복음을 받아들일 수 있었다. 정보를 주는 문서들을 향해 그들은 질문하지 않았고, 그들은 질문을 받지도 않았다. 그래서 아마도 마태는 그의 시야를 매우 좁게 제한하였는데, 한 '젊은 여인'에게서 세상의 구원자가 태어날 것이라는 이사야 7장의 히브리어 원문을 한 번도 숙고하지 않았다. 마태에게는 '젊은 여인'을 '동정녀'로 바꾸었던 디아스포라-유대교의 헬라어 성경으로 족했다.

탄생 기사들은 그러기에 예수 그리스도 안에서 구체화 된 말씀을 통해 조종되었다. 하나님의 말씀을 보다 전설적으로 표현하는 중, 소문으로 듣는 신앙은 말씀을 그 이상으로 입증하였다. 세상 전환의 해석은 그토록 사실적이어서, 모든 벗어남에 반해 신화적 상상 안에서 안전장치를 취했다. 외형적으로 가장 조심스럽게 이야기가 펼쳐진다.

하나님은 반신(半神) 헤라클레스를 탄생시키기 위해, 아르메네의 정부로서 가까이한 제우스는 아니다. 잉태의 행위는 출생의 과정만큼이나 짤막하게 그려진다. 유일무이한 기본 자료(Grunddatum)인 "그는 육신으로 나타난 바 되시고"

(딤전 3:16)와 연결되면서, 잉태와 출생은 단지 부차적이다.

사도신경이 두 문장으로 말하려는 그 '사건'(die Sache)은 그러기에 **표징**(Zeichen)으로서 이해해야 할 것이다. 그 표징은 신앙의 증명서를 말한다.

> 예수의 탄생은 그 어떤 인간의 출생에서는 절대 바랄 수 없는 한 마디로 하나님의 창조 행위다. 예수가 아담의 뒤를 잇는 인류의 연계 속에서 오고, 인류의 종국에 함께 하지만 (롬 8:3), 하나님의 인간 됨이 그의 잉태 가운데 생기고, 새로운 인류의 시작이 일어난다(Paul Althaus).

동정녀 출산에 관한 진술은 부적절한 것으로 교회의 고백으로부터 **가려낼 것**이 아니라, 그 근본 진술에 근거해 **해석할 것**을 위 생각의 변호가 의도한다. 바로 이 진술의 두 번째 가치 안에 교회는 그 거대한 비밀을, 하나님의 높은 구원은 인간적 낮아짐 가운데 일어난다는 사실을 가진다.

예수의 다가올 어머니는 **비천한 여종**(눅 1:38, 46)이며, 마리아는 천국의 여왕이 아니고, 하나님의 붙잡음에 복종한다는 사실에 마리아 이야기는 중점을 둔다. 게다가 아들을 인간이 되게 허락함으로써, 하나님은 인간적 육체에 대한 혐오를 극복하였음을 의미한다.

찬송 테데움(Tedeum)은 "당신은 동정녀의 태를 두려워해 뒷걸음치지 않았네"라고,* 거기다 개신교 찬송가 137장에 들어있는 루터의 개정판은 "동정녀의 몸은 모든 인류를 구원하기 위해 **거부하지 않았네**"라고 노래한다.

니케아 신경은 아버지로부터의 출생을 "모든 시간과 세계가 있기 전에" 그의 "성령으로 인해 동정녀 마리아로부터 육체가 됨"을 함께 연결하였다.

그러나 **루터**는 그의 믿음의 찬송, 개신교 찬송가 132장 2절에서 긴장감 넘치는 실상을 그토록 깊은 화음을 함께 내도록 하여, 하나님 행위의 대위법이 음의 억양 안으로까지 침투해 다시 들릴 수 있게 만들었다.

> 우리 또한 예수 그리스도를 믿습니다. 그의 아들, 아버지 곁에 **영원히** 함께하는 우리의 주님, 권세와 영광이 하나님과 같고, 죽었던 우리를 위해 동정녀 마리아로부터 믿음 안에 있는 성령을 통해 태어난 참사람을 믿습니다.

---

* 역자 주. 고대 밀라노의 주교 암브로스가 아우구스티누스의 세례식을 맞춰 만들었다는 찬송이다.

서로 나누고 싶은 물음들

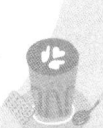

6

본디오 빌라도에게 고난받고, 십자가에 못 박혀 죽고, 장사 되었다

하인리히 슬리어 Heinrich Schlier*
본대학교 교리사 교수

사도신경의 기독론적 부분을 눈여겨볼 때 발견되는 하나의 특이성이 있다. 예수 생애 중 일어난 일들에 관해 아주 인

---

* 슬리어(Heinrich Schlier)는 1900년 도나우강 변 노이부르크(Neuburg/Donau)에서 태어나, 1978년 본(Bonn)에서 78세를 일기로 세상을 떴다. 마르부르크와 라이프치히에서 신학을 공부했고, 1926년 신학석사(Lic.theol.)를 취득했으며, 같은 해 목사 안수를 받고 1927-1930 카제카르헨(Casekirchen)에서 담임목사로 봉직했으며, 1928년 그 사이 "에베소서에 나타난 교회와 그리스도"를 주제로 신학 교수자격 논문을 통과했다. 1930년부터 마르부르크, 할레, 부퍼탈신학대학교에서 신약학 강사를 역임했다. 독일 고백교회에 속한 그는 1935년 부퍼탈교회 신학대학교의 책임자가 되었고, 결국 1936년 나치 게슈타포에 의해 더는 그를 가르칠 수 없게 되었다. 1937년 부퍼탈 에버펠트고백교회의 담임목사가 되었다. 제2차 세계대전이 끝난 후, 1945년 본(Bonn) 대학교 신약학과 고대 교회사 교수로 부름을 받았다. 이후 1952년에 교수직에서 은퇴했다. 1953년 가톨릭으로 개종한 그는 본대학교 철학과로 옮겨, 고대 교회 문헌사를 가르쳤고, 구교와 신교가 함께한 공동성경 번역에도 참여했다.

색하게 말하고 있다는 사실이다. 그의 출생, 죽음, 죽은 자로부터 부활, 하나님께로의 승천, 재림이 언급되지만, 그러나 그 외 아무것도 말하지 않는다. 그렇다면 지금 우리는 사도신경에 관해 숙고하면서 진리의 빛으로 나가기 위해 서야 할 곳이 어디인지를 깨닫는다. 예수 출생에서 급하게 그의 죽음을 향해 서두른다. 그 외 예수 생애에 관해 아무것도 고백하지 않는다.

예수 그리스도의 생애에 관해 그러한 빠른 발걸음을 내딛는 것은 단지 사도신경만은 아니다. 역시 그 예로 사도신경의 초기 형태 로마서를 들 수 있는데, 루핀(Rufin)이 전한대로 유사한 틈을 보인다. 거기다 우리가 더 앞으로 돌아가면, 안디옥의 감독 이그나티오스의 반(反) 가현설적(antidoketisch) 고백에서도 거의 같다.

> 다윗의 자손 예수 그리스도는 마리아로부터 실제로 태어났으며, 그는 먹고, 마셨으며, 본디오 빌라도의 통치 때 실제로 고문당했고, 진실로 십자가에 매달려 죽었다. … 또한, 죽은 자 가운데서 실제로 살아났다.

또한, 신약의 근거 안에서 우리는 역시 같은 상태로 제시되는 고백들을 본다. 예수 출생에서 바로 죽음으로, 아니 주의 부활로 건너뛴다는 사실이다. 사도 바울이 초기 교회에서 가져온, 빌립보서에 나오는 잘 알려진 그리스도를 향한 찬송에서도 같다. 바울은 이 서신에서 아주 간단히 해석하는데, 예수 그리스도의 성육신, 죽음을 향한 순종, 높아짐을 찬송한다. 로마서 전반부에서 바울은 하나님의 아들을 향해 짤막한 고백을 한다.

> 그는 육신으로는 다윗의 혈통으로 나셨고, 성결의 영으로는 죽은 자 가운데서 부활하사 능력으로 하나님의 아들로 선포되셨으니 …(롬 1:3-4).

여기서도 단지 예수 그리스도의 출생과 높임을 나란히 제시한다. 예수의 이 땅에서 활약과 생애는 말씀과 상징 아래에서 침묵한다. 초기 교회와 사도신경에 이르기까지 신앙고백의 이러한 일치점은 절대 우연일 수 없다.

그것은 어떤 사실에 근거를 두고 있는데, 단도직입적으로, 우리 신앙고백문장의 의도는 아주 보편적으로 뭔가를 분명히 하려는데, "본디오 빌라도에게 고난을 받고, 십자가에 못 박혀 죽고, 장사 지냈다" 함이다.

우리가 여기서 숙고해야만 하는 것은, 복음서 기자들이 예수의 말과 행한 일들에 관해 전승으로부터 복음 선포의 목적으로 그것을 구성하였듯이, 기독론적 신앙고백 형태들은 예수님의 역사(歷史) 그 자체에 관한 보고가 아니다.

기독론적 신앙고백은 복음서의 연장이 아니고, 역시 복음서로부터 혹시나 있을 오해를 사전에 방지하기 위해 신약의 서신들이 그것을 우리에게 보여 주듯이 "복음의 진리"를 위한 신학적 성찰도 아니다. 우리의 신앙고백은 복음과 사도들의 성찰을 전제로 한다. 그러나 그것 자체로 본질 규명이다.

신앙고백은 두 사건에 눈길을 두는데, 태초부터 종말에 이르기까지, 그의 근원과 그의 목적에 이르기까지, 바로 그곳에서 인간 본질이 언제나 밝히 드러나고, 그러한 본질에 따라 숙고하여 그것을 개념으로 받아들인다.

그런 식으로 그것을 채택하여, 알리고, 확고히 붙들어서, 그 빛 안에서 예수 그리스도는 그의 인간과 역사를 볼 수 있도록 한다. 그래서 복음과 공동의 신앙으로부터 복음에 관한 이해를 위해 공통의 신앙 안에서 그 표준을 우리에게 전해 준다.

사도신경 안의 기독론적 신조(信條)는 사실 예수 그리스도에 관해 말할 수 있는 모든 것을 말하려는 것이 아니다. 사도신경은 전승이 전해 주었던 모든 것을 다 선포하려 하지 않는다. 역시 순전하게 역사적 모든 진술을 다 말함에 목적이 있지 않다. 사람들이 그러한 모든 일을 '믿도록' 함이 아니다.

그 의미와 목적은 복음에 의해 감당해야 할 교회의 신앙 선포로부터 예수 그리스도의 인격과 본질적인 역사 전제들과 근거를 맥락 속에서 답하고 동의하는, 무엇보다 고백적 문장으로 구성한다. 그렇게 함으로써 진리 안에서 언급되지 않는 그리스도 예수 역사가 제시되어야만 하고, 본질이신 예수 그리스도 그 진리 안에서 그리스도 자신이 밝히 드러나고, 드러난 채로 유지되도록 함이다.

예수 그리스도의 그러한 본질 규명의 바로 그 상관성 안에서 행해진 기독론적 고백은 아주 일찍, 아니 사실 처음부터 이뤄졌는데, 하늘들과 땅의 전능하신 창조자 아버지 하나님에 관한 문장 역시 그랬고, 그 자체와 더불어 후에는 성령에 관한 고백이 행해졌다.

사람들이 이를 알게 될 때, 사도신경이(그리고 그보다 앞선 고백들이) 예수 그리스도의 출생에서 곧바로 그의 죽음과 부활로 서두르는 것을 사람들이 더는 의아하게 생각하지 않을 것이다. 그런 후 사람들은 그 구체적 상황으로부터 그것이 말하려고 하는 바에 훨씬 많은 관심을 가져, 사도들의 복음 전파의 밀접한 상관성 속에서 기독론적 모든 문장을 읽으려 할 것이다.

그들의 본질 서술들로써 물론 그들의 양식과 특성 안에서 기독론적 모든 문장은 시작되고 있다. 그런 후 사람들은 예수 그리스도의 죽음에 관한 문장들을, 그가 침묵하고 끝내고 성취한 것, 또한 예수의 사역과 길과의 상관성 없이는 이해하려 시도하지 않는다.

"본디오 빌라도에게 고난을 받아 십자가에 못 박혀 죽고, 장사 되었다"를 사람들은 곧 예수의 길과 사역에서 일어났던 것으로 이해한다. 그러나 이 땅에서 예수의 삶과 예수 그리스도 사건에서도 역시 항상 그의 역동적 목적으로서 하나의 빛으로 처음부터 끝까지 제시된다. 예수 그리스도의 죽음에 관한 복음은, 나름의 방법으로, 축적되고 확인된 해석으로 읽음이 필연적으로 요구될 뿐 아니라 그래야 틀림이 없다.

말하자면 사도신경은 예수가 능력의 말씀과 표적을 통해 하나님께 순종하며 십자가로 갔던 그 길, 그 복음을 생생하게 들려준다. 그러나 그것 자체가 이 땅에서 예수 삶의 본분을 말하려는 것이 아니라, 항상 이미 규정되었던 그를 그리고 그가 총체적으로 드러난 그것**으로써** 그 목적을 기꺼이 말하고자 한다. 예수의 길과 사역의 본질을 향한 해석을 제시한다.

그러나 우리는 신앙고백의 문장을 아직 조금은 자세히 눈여겨보아야 한다. 그 문장은 역사적 사건으로서 고백하는 예수의 죽음에 공적 의미를 부여한다. "본디오 빌라도에게"라고 고백하면서 사람들은 역사 가운데 일어난 일로 확정할 수 있다. 신앙고백(Credo)에 본디오 빌라도는 무엇을 하는지, 사람들은 묻는다.

그는 역사적 일시(Datum)를 확정해 보여 주는 역할을 한다. 그 이상 아무것도 없다. 그러나 그것은 이미 많은 것을 보여 준다. 그의 이름이 확정하는 바는, 예수 그리스도의 죽음이 구체적 역사 가운데서, 더 나아가 그의 사건이 역사적으로 분명히 인식할 수 있게 일어났다는 말이다.

"본디오 빌라도의 통치 아래서 고난을 겪었다"라는 말은 본디오 빌라도가 유대 총독이었을 그 기간, 곧 A.D. 26년에서 36/37년 사이를 일컫는다. 그러나 거기다 그의 이름이 일컬어지는 것은 아마도 또 다른 의미가 있는데, 일시를 일컬을 수 있는 이 죽음은 공중과 공개된 세상과는 무관한 어느 구석에서 이루어진 역사가 아니고, 그 제국과 예수의 '그 나라' 특별히 그 제국 사이 일어난 사건으로 분명히 선언한다. 그 나라는 요한복음이 보는 대로 진리 자체인 사람 예수 앞서서 그리고 그 진리 때문에 죽어야만 했던 그의 대변자였던 세례 요한 안에서 위치했던 나라다.

그러나 우리의 기독론적 신앙고백 교리는 예수 그리스도의 죽음 그 실체를 또한 강조한다. 게다가 눈여겨보려고 하는 것은, 신앙고백 전개에서 예수의 죽음에 관한 진술이 어떻게 확장되고 있는지인데, 확실히 개별 개념들이 모든 앞선 것의 종합적 진술로서 그들의 힘과 그들에게 매번 특별한 의미를 부여코자 한다.

근원적으로, 곧 신약성경보다 앞선 신앙의 형태에서, '고난을 겪는다', '십자가에 달리다', '죽었다'라는 개념은 죽음의 역사적 사건을 종합적으로 표현하는데, 더구나 당시 이 전승에서나, 저 전승에서나 다르지 않다. 그래서 예수 죽음의 묘사로서 그러한 고통은 예를 들어 누가복음에서는 통째로 또는 베드로전서에서도 그러한 형태를 가져왔다.

십자가와 십자가 달림은 무엇보다 예수의 죽음을 향한 바울의 암호다. '죽는다' 함은 자연스럽게 예수 그리스도 죽음 사건의 총체적 개념으로서 일반적으로 등장하는데, 무엇보다 부활하다 또는 죽음에서 일어난다는 것과 상관성 속에서 더욱 그렇다. 게다가 매장의 언급은 역시 가장 오래된 신앙고백 형태들에서도 발견된다.

그러나 사도신경에서 그리고 이미 여러 다른 초기 형태의 신앙고백에서 이러한 종합적 개념들은 나란히 제시되는데, 그를 통해 포괄적이고 거기다 특징적 의미를 부분적으로 놓치고 있다.

확실히 이 죽음 사건 그 자체는 이런 방식으로 아주 무게 있는 표현을 하였으며, 그의 실체를 그 이뤄진 일의 그런 식의 전개를 통해 눈에 본 듯 만들어서, 그것이 간결한 형태의 한 상징으로서 그만큼 좋게 일반적으로 가능하다는 것이다.

"고단 당하시고"라는 말은 그러한 예수의 죽음을 여기서 다시 언급하기보다는 복음서가 우리에게 선포하는 대로 예수 십자가의 수난을 보여 준다. 이 죽음은 죽음의 고통, 즉 제자들의 부인, 잘못된 기소, 잘못된 판결, 조롱과 비웃음, 채찍과 아픔들, 목마름과 번민 그리고 마지막으로는 하나님에게서 버림받음까지를 포함한다.

여기서 "죽었다"라는 말은 고난과 삶의 끝을 말하는데, 그는 결국 머리를 떨어뜨렸으며, 사망하였다. 그리고 현세적 생 가운데 다시 돌이킬 수 없는 확실히 봉인된 죽음으로, 간과할 수 없는 "그리고 그가 장사 지낸 바 되었다"라고 공포한다. 그렇다면 세상에서 예수를 향한 소망은 사라졌다. 게다가 지상에서의 그의 마지막 장소는 그 무덤이 되었다.

"고난 당하고"와 "죽었다" 사이에 "십자가에 달려"가 있는데, 이는 사실 불필요하게 가져온 것인가?

순전히 과정으로 볼 때, 물론 십자가는 오직 고난과 죽음을 그 자체 안에 하나로 결합한다. 소위 로마식으로 "십자가에 달려(crucifixus) … 죽었다"(et sepultus)는 그 모든 것을 함축한다.

그런데 왜 사도신경에서는 여전히 그대로 남아있는가?

바로 믿음이 예수 그리스도의 십자가를 인식하기 때문인데, 그 죽음 안에서 그리고 그 죽음과 함께, 다른 말씀과 더불어 성취된 것인데, 이러한 사건의 의미를 가리키는 표식으로서 그의 십자가다. 십자가는 인간 죄악의 귀결로서 예수의 죽음을 공개적으로 만들었다. 사람들은 그 십자가에서 그들을 향한 하나님의 의를, 진리와 사랑 안에서 자기들을 위한 하나님 신실함의 펼침을 만난다. 범죄자로서 그를 사형에 처한 것이다.

십자가는 그러나 또한 예수의 죽음을 하나님 사랑의 귀결로서 만방에 공포한다. 그에게서 사람들이 행하고, 인내하고, 그들이 행하는 모든 것은 모든 것 안에 존재하는 모든 사람은 예수 그리스도의 생애 가운데 그의 죽음으로 그리고 그의 무덤으로 내려갔으며, 그들의 마음, 시선, 혀와 손의 모든 악을 함께 묻어 버렸다.

> 그는 거기서 그의 육체와 함께 우리의 죄악을 나무에 짊어졌다. 그와 더불어 우리는 우리의 죄에서 벗어나 하나님의 의로 산다. 그의 핏자국을 통해 우리가 나음을 입었다.

이는 베드로전서에서도 보여 주는 옛 신앙고백의 한 찬송이다. 이토록 분명하게 십자가는 보여 주며, 이 죽음의 물음을 우리가 그를 영접할 것인지와 더불어 우리의 잘못과 하나님의 엄청난 사랑을 각인시킨다.

이렇듯 십자가는 인간을 향한 비판적 물음의 연속으로, 사도 바울이 유대인과 이방인에 관해 말한 대로, 유대인으로는 걸려 넘어지게 하며, 이방인에게는 어리석은 것이며, 또는 그리스도인이 십자가에 달린 예수의 죽음을 하나님의 활짝 편 양팔의 도피처로서 기꺼이 고백하듯이, 역시 사도신경의 단순한 문장으로 고백한다.

"본디오 빌라도에게 고난을 받으사, 십자가에 못 박혀 죽으시고, 장사 지냈다."

그런 후 그들은 연이어 듣는다.

"그는 사흘째 되는 날 죽은 자 가운데서 살아났다!"

서로 나누고 싶은 물음들

7

음부로 내려갔다

유르겐 몰트만 Juergen Moltmann[*]
튀빙겐대학교 조직신학 교수

우리가 교회에서 음부를 말하는 것을 들을 때, 우리 중 많은 이는 웃으면서 어깨를 들썩거리며 말한다.

---

* 몰트만(Jürgen Moltmann)은 1926년 함부르크에서 태어났다. 제2차 대전 당시 영국의 포로가 된 그는 스코틀랜드의 포로수용소에서 기독교 신앙으로 회심하였다. "그(예수)는 잃어버린 자를 찾기 위해 왔다. … 내가 길을 잃고 헤맬 때, 그는 나에게 왔다." 영국과 괴팅겐에서 신학을 공부한 그는 1952년 괴팅겐에서 17세기 칼빈주의 예정론을 연구하여 신학박사 학위를, 1957년 16세기 브레멘의 칼빈주의 연구로 교수 자격 논문을 완성했다. 1953-1958 브레멘-바써호르스트(Bremen-Wasserhorst)에서 담임 목회를 했으며, 1958년 부퍼탈에서 교리사와 조직신학 교수가 되었으며, 1963년 조직신학과 사회윤리 교수로 본으로 옮겼으며, 1967년부터 튀빙겐에서 교수로 섬기다, 1994년 튀빙겐대학교의 명예교수가 되었다. 개혁신학자 몰트만의 수많은 저서가 한국어로 번역되었으며, 여러 번 한국을 방문하였다.

> 그 못된 마귀가 불쌍한 영혼들을 괴롭히고, 그 유황불로 벌겋
> 게 태우는 음부가 도대체 어디 있다는 말인지?
> 그것은 어린이들을 공포로 교육할 수 있는 동화일 뿐이다.
> 그러나 우리는 성인들이지 않은지, 알 만큼 알고 성숙하지 않
> 았는지?
> 이제 겁주는 것은 통하지 않으며, 교회가 겁주는 지옥은 존재
> 하지 않아. 그러기에 우리가 교회에 갈 때, 오늘 교회가 더는
> 지옥에 관해 말하지 않아도, 우리는 대체로 안전하다.

그러기에 지옥에 관해 더는 할 말은 없다는 말일까?

요단강 저편 사후(das Jenseits)가 무지의 어두움에 갇히고 난 후, 생과 이 땅의 현세(das Diesseits)를 우리는 지옥으로 덧칠했다. 우리는 무죄하고 무의미한 집단 학살, 의도된 사악한 살인으로 묘사하는 '아우슈비츠의 지옥'에 관해 말하고 아는데, 세상에서 가장 소스라치게 무서운 판타지도 거기까지 미칠 수는 없을 정도다.

우리는 세계대전에서 죽어간 수많은 이가 묻힌 묘지를 방문한다. 그곳이야말로 "베르둔의 지옥"이었고, 거기에 "스탈린그라드의 지옥"이 있고, 여기에 "베트남의 녹색 지옥"이 있다. 거기서 우리는 죽어 가는 자들의 거친 숨소리를 들으며, 고문 당하는 자들의 비명을 듣는다. 불의가 하늘을 향해 소리친다. 고통은 전혀 어떤 답도 찾지 못한다. 우리 역시, 그 누구도 없기에 전혀 의미를 발견하지 못한다.

"너희가 발을 들여놓은 이곳에서 모든 소망은 떠나가게 하라"고 단테는 지옥 편에서 썼다.

우리가 아는데, 인간이 등장하는 역사는 이러한 표제를 붙여야 할 것이다. 그러기에 우리는 그토록 빈번히 무감각증으로 빠져든다. "그 어둠과 거대한 냉기를 깊이 생각하라"고 베르트 브레히트(Bert Brecht)는 부르짖었다. 우리는 그것이 현존하고, 우리 모든 삶의 주변에 가까이 있음을 알면서도 그러나 깊이 숙고하기를 꺼린다는 사실이다.

"영원히 저주받을지니!"

우리가 교회로부터 지옥에 관해 더는 듣지 않은 이후부터, 영화들, 책 제목들과 연극은 우리 귀에 딱지가 앉도록 지옥에 관해 소리친다.

그러나 우리가 그러한 경악을 상대적으로 안전한 거리에 두고 떨어져 단지 부차적으로 경험해야만 하는 거기까지, 너무 멀리 갈 필요는 없다. 세계대전이 끝난 후 사르트르(Sartre)는 <타자들의 지옥들>이라고 한 연극 무대에서 선언했다. 이는 마치 우리가 서로를 향해 종종 비난하는 "너는 나의 삶을 지옥으로 만들었다"라는 말처럼 그렇다. 사람들이 서로 아주 가까이 친하게 지내게 될 때, 우리가 사는 땅을 천국으로 만들기도 하고, 역으로 삶을 지옥으로 깎아 내리기도 한다.

사람들은 서로를 향한 존중과 우정을 기대하다가도, 어느 순간 바로 그곳에서 말할 수 없는 모욕과 상대를 향해 어찌할 수 없는 분노에 치를 떤다. 하나의 상실감이 전면적으로 밖으로 표출되는데, 그것은 순전한 불안으로 본인을 괴롭힌다. 그것이 바로 지옥 경험이다. 그것은 하나의 지옥 비유이지만은 않다. 그것은 피할 수 없게 그리고 조용히 행복을 망가뜨리고, 삶의 열정적 추구를 삶의 가련한 증오로 퇴행시킨다.

더 언급하면, 우리는 그들의 먹이가 될 뿐 아니라, 역시 항상 그들을 삼키는 장본인으로 전락하기도 한다. 그 '아우슈비츠의 지옥'이 이 땅에서 최종적이었다고 우리 중 누구도 장담할 수 없다는 사실이다. 누구도 함께 사는 이웃에게 더는 삶을 지옥으로 만들지 않겠다고 약속할 수 없다.

하나의 동화처럼 우리에게 일어나는 일들이, 알고 보면 얼마나 현실적이고, 우리가 멀리 있다고 생각하는 것이, 얼마나 우리 가까이 있는지, 그래서 우리는 기꺼이 깨닫게 된다.

마르틴 루터는 그것을 한 찬송에서 전형적으로 묘사했다.

> 삶의 가운데서 우리는 죽음으로 둘러싸여 있네.
> 죽음의 중심에서 지옥의 웃음소리가 우리를 유혹하네.
> 지옥의 불안 속에서 우리의 죄악이 우리를 조종하네.

사망은 삶의 한가운데 있다. 삶의 중앙에 있는 이 사망의 괴롭힘이 바로 지옥이다. 즉, 살면서 살 수 없고, 사랑하면서 사랑할 수 없고, 도우면서 도울 수 없다는 사실이다. 이것은 이름 없는 불안이다. 우리를 찌르는 그 가시는 죄과다. 곧 어그러진 생의 타는 듯한 고통이다. 그러기에 모든 지옥은 우리를 어쩔 수 없이 제자리로 부른다.

> 내가 행하기를 원하는 선은 행하지 않고, 오히려 내가 원하지 않은 악을 나는 행한다(롬 7:19).

그 찬송은 이러한 냉정한 확인을 통해 무한한 것으로의 호소로 우리를 이끈다.

"우리가 은혜에 이르는 도움을 주는 누구를 찾아야 할까?
누가 그러한 위기에서 벗어나 우리를 자유롭게 하며 독립적으로 만들어 줄까?
우리가 기꺼이 머물고 싶은 곳, 그 어디로 피해야 할까?"
그렇다면 여기에 답이 있는가?
만약 우리가 그 답을 안다면, 여전히 우리 삶의 지옥은 존재할까?

그리고 우리 스스로 그 해답을 줄 수 있다고 가정할 때, 우리는 약속한다.
다시는 전쟁은 없다!
타인에게 삶을 지옥을 만드는 아우슈비츠는 절대 다시는 발생하지 않을 것이다!

우리의 목구멍까지 물이 차오르게 하는 지옥의 죄악으로부터 우리는 안전하다고 할 것이다.

그런데 우리 자신에게 스스로 안전한가?

우리는 지금도 겪는 부정할 수 없는 지옥의 경험을 직면하여 신앙적 대답과 도덕적 답변이 창백하고 무미건조하게 역할을 한다. 그렇지만 또한 우리가 이러한 대답을 더는 갖지 못할 때, 여전히 물음은 존재한다.

우리가 누구를 찾아야 하는가?
그렇다면 우리는 어디로 가야 하는가?
그러한 위기에서 누가 우리를 해방해 자유롭게 할 것인가?
크리스천이, 하나님의 아들로 믿는 예수가 '음부로 내려갔다'라고, 믿고 고백할 때, 크리스천은 이를 어떻게 해석해야 하는가?
과연 이에 관한 해답은 있는 것인가?
만약 이러한 답을 확고히 붙든다면 어떨까?

그것이 의미하는 최소한의 역사적 데이터를 우리는 명확히 이해할 필요가 있다.

첫째, 359년 시루미움(Sirmium) 공회가 이 부분을 신앙고백으로 받아들였다.

시리아의 신학자 마가(Markus von Arethusa)가 그것을 제안하였다. 하나님의 아들 예수는 실제로 죽었다. 그는 고난을 겪었으며, 십자가에 달렸고, 무덤에 묻혔는데, 이는 그가 하나님의 버린 바를 통해 절대적 고통과 더불어 실제로 그리고 스스로 그것을 경험했다. 그리스도의 음부로의 하강은 그리스도가 당한 고난의 최하점이다. 그것은 사자(死者)들의 신비한 나라를 통한 그리스도의 영혼 이동이 아니다.

그는 "고난을 겪으며 – 십자가에 달렸고 – 묻혔다"라는 말은 과정에서 실제로 일어난 것으로, 죄과, 고통, 죽음의 지옥으로 그리스도가 들어갔으며 그것을 벗어났다는 말이다. 그리스도는 이 모든 것이 본인을 건드리지 못하도록 할 수 있을 정도로 절대 신적이지 않았다.

그러나 그가 바로 신적인 것은, 그가 모든 악마의 나라를 통과한 후 우리의 형제가 되었다는 사실이다. 그것이 바로 그리스도의 음부 하강을 향한 우리 믿음의 첫 번째 의미다. 그렇지만, 이를 서방 교회는 얼마 되지 않아 곧 다르게 이해했다. 그리스도의 음부 하강을 마땅히 이해해야 하는데, 사자(死者)의 나라를 통한 구원자의 개선 행진, 승리 가득한 지옥 정복, 이전 이뤄진 아담과 하와의 옛 언약의 포로 된 의인들의 구원이다.

그러기에 사람들은 그리스도의 음부로의 하강을 그의 천국행의 출발로 이해했다. 그와 더불어 그는 산 자와 죽은 자, 그리고 만물의 주가 되었다. 그의 구원하는 능력으로부터 아무엇도 벗어날 수 없다. 만물을 거룩하게 할 수 있는 그의 능력은 사망과 음부도 절대 한계가 아니다. 그래서 베드로전서는 이미 "전에 불순종하여 옥에 있는 영들에 영으로 가서 선포하셨고"(벧전 3:19-20), 구원을 이루었다고 말한다.

그리스도는 본인의 생애에서 죽음을 극복하셨는데, 그는 "지옥과 사망의 열쇠"를 손에 쥐고 있어, "저주가 영원 영원히" 없다. 또한, 죽은 자들, 살해된 자들 그리고 독가스로 죽임을 당한 자들도 잃어버린 바 되지 않는다. 그렇다고 그들 모두 구원을 받을 것인지는 여전히 하나의 열린 물음이다.

하나님으로부터 버림받음의 십자가 고난의 진수로서 그리스도의 음부 이동, 모든 이의 구원을 향한 부활의 출발점으로 그리스도의 승천이라는 두 개념은 기독교적 신앙의 역사를 관통한다. 루터와 칼빈은 아레투사의 마가(Markus von Arethusa)처럼 재차 이 두 개념을 십자가로부터 이해했다.

그렇지만 17세기 루터 신학은 부활로부터 이를 이해했다. 그렇다고 그것이 십자가에서 지옥의 고통을 당함이냐 아니면 지옥을 이긴 그리스도의 승리를 의미하는지를 묻는데, 사실은 진리가 이 양 개념 안에 함께 있다. 이는 우리가 예루살렘 성문 밖에서 벌어진 예수의 실제 죽음을 직시할 때, 이해할 수 있다.

예수는 내쫓김을 당한 죽음을 죽었다. 자기가 속한 백성들로부터 하나님 율법의 이름으로 선고를 받아, 그는 하나님으로부터 저주받은 자, 버림받은 자로서 죽었다. 예수는 로마인에게 넘겨졌으며, 그들에 의해 십자가에서 수치를 당하였다.

이 죽음에서 특별한 것이 무엇일까?

아피아 길에서(via Appia) 자유를 위해 일어난 노예의 스파르타 봉기 때문에 7천 명이 십자가에 매달려야 했다. 우선 예수의 죽음에서 특별함으로 이해하게 되는데, 누가 이 길을 떠났으며, 어려움을 당했는지를 인식할 때다. 예수는 하나님 나라가 가까이 왔음을 선포했고, 하나님의 나라와 아주 근접하여 살았다. 하나님은 사람들 가까이 함께 있다. 그러기에 그는 하나님처럼 죄를 용서했고, 하나님처럼 가난한 자, 매춘부, 세리들에게도 은혜를 베풀었다. 하나님처럼 율법과 더불어 자유롭게 그들과 가까이 교제하였다.

이 사람이 범죄자의 죽음을 죽을 때, 그래서 그의 죽음에는 다른 이의 죽음에 없는 그 무엇이 있는데, 그것은 바로 하나님이 가까이 왔음을 기쁨으로 선포했었던 그 하나님에게서 내쫓긴 경험인데, 하나님이 멀리 있지 않고, 아주 가까이 있음을 명확히 자각하는 가운데 하나님에게서 내쫓음을 받은 경험이다. 그리고 또한 하나님 가까이에서 그 하나님으로부터 제외되었는데, 이것이야말로 지옥의 고통이다. 하나님의 아버지 집에 거하던 자가 버림을 받은 일은 아무에게도 일어나지 않았다.

그러기에 그 누구보다도 가장 많이 시험을 받은 자와 최고로 버림을 받은 자 예수라는 그 지점에서 크리스천은 항상 위로를 발견한다. 예수는 하나님과 더불어 생명을 소유했으면서도 사망과 지옥을 경험했다. 이것을 알베르 카뮈(Albert Camus) 역시 이해했는데, 카뮈는 하나님 예수를 향해서가 아니라, 십자가에 달린 자 예수에게 공감을 그리고 고난 당한 자 예수에게 형제애 안에서 공감을 가졌다.

이제 다른 관점에서 그리스도의 음부 하강의 승리 이해를 살펴볼 것이다. 하나님이 버림받은 자 중 가장 심하게 버림받은 자를 죽음에서 일으키고, 음부에서 벗어나게 하였다는 믿음을 전제할 때다. 하나님은 본인의 친밀함과 해방하는 능력을 예수에게 나타내 보였는데, 예수는 모든 저주받은 자와 함께 하나같이 있는 그대로 지옥의 고통을 겪었다. 그런 후 이 비참한 곳에서 다른 모든 이를 위해 지옥의 한복판에서 "평화와 기쁨이 미소 짓는" 하나님 나라가 나타났다.

그런 후 음부는 예수에게서 중단되고 극복되었다. 음부는 더는 끝없는 소스라침이 아니며, 모든 소스라침의 끝, 바로 그곳으로의 새로운 출발이다. 음부의 고통은 더는 영원히 없다. 음부의 고통은 역시 최후가 아닌데, 바울은 고린도전서 15장에서 그 가시를 대적하여 이렇게 소리친다.

"사망은 승리 가운데 삼킨 바 되었다. 음부야, 네가 쏘는 그 가시가 어디 있느냐?"

음부는 열려있기에, 자유롭게 통과해 빠져나갈 수 있다. 단지 예수가 경험한 그 음부뿐 아니라, 이 지상에 존재하는 모든 음부도 다르지 않다. 하나님이 십자가에 달린 예수에게 그의 밝은 미래를 열었듯이, 그렇게 역사 가운데 나타났던 죽음의 전장, 살인의 현장, 일상 가운데 경험하는 작은 지옥까지를 뛰어넘어 여명의 밝은 빛이 이른 아침 동터온다.

우리가 음부로 내려갔던 그리스도를 향한 믿음과 우리가 이 땅에 사는 동안 몹시도 우리를 힘들게 하는 지옥들과 비교할 때, 우리는 고통당하는 자들과 십자가에 달린 주님과 다르지 않다는 사실에서 위로와 힘을 얻는다. 재단 위에 놓인 두 촛불 사이에서 아니라, 예루살렘성 앞 폐허로 쫓김을 당한 예수는 두 사형수 사이에서 십자가에 매달려 죽었다.

예수는 버림받은 자, 외로운 자, 고문당한 자, 무고히 살해된 자, 죄 때문에 증오받는 자들의 형제가 되었다. 예수는 그 어떤 다른 이의 곁이 아니라, 바로 그들 곁에 있다.

그러기에 그들은 지옥 불안 속에 처해 있을지라도, 절대 혼자가 아니다. 하나님은 저 높은 보좌를 떠나, 버림받은 자들의 곁에 현존한다. 억눌림을 당한 자, 고문을 당한 자, 그러는 동안 우리의 삶을 지옥으로 만든 그 자리에 하나님은 함께 계신다. 루터는 이렇게 말한다.

> 여러분! 그러한 연약한 자신만을 바라보지 말고, 지상에서 고통당하는 자들의 비명에 기죽지 말고, 당신의 그러한 지옥을 극복한 그리스도의 상처를 바라보세요.

하나님이 음부에 갔고, 그 음부가 예수께 갔는데, 그것을 그리스도가 음부로 갔다고 한다. 우리에게 또는 다른 이에게 지옥의 고통을 면하게 하는 것이 아니라, 이 믿음과 함께, 음부에 계신 하나님은 사람을 기꺼이 통과하게 하실 수 있다는 말이다.

> 그는 사망을 통해, 세상을 통해, 죄를 통해, 위기를 통해 찢김을 당하였다. 그는 음부를 통해 찢어져서, 말하길 나는 항상 그의 친구다(Paul Gerhard).

확실한 것은, 우리 스스로 그렇지 못하다. 그러나 우리는 단지 '아우슈비츠의 지옥'과 더불어 사는 것이 아니라, 지옥 가운데서도 하나님과 그리스도를 만났던 순교자들과도 함께 살고 있다.

그와 더불어 이제 요구되는 것은 무엇인가?

실제로 그리스도가 사망과 지옥으로부터 부활했다면, 그것은 지상 지옥과 지옥의 불을 지피는 모든 것에 반해 양심의 항거로 유도한다. 이 저주받은 자의 부활은 인간을 통한 인간의 저주에 반한 항거 안에서 확증되고, 그것을 또한 현실화한다.

망가진 지옥에 대한 소망을 더 현실적으로 믿게 될수록, 지옥의 망가짐 안에서 소망은 더 전투적이고 더 정치적인데, 백색, 흑색, 녹색의 지옥, 아우성과 속삭임의 지옥이다. 음부로 내려가신 그리스도는 고난 가운데 위로일 뿐 아니라, 고난 가운데 가라앉음에 반해 하나님의 고통스러운 항거이기도 하다.

서로 나누고 싶은 물음들

8

삼 일째 되는 날 죽은 자 가운데 다시 살아나사

귄터 보른캄 Guenther Bornkamm*

전 하이델베르크대학교 총장

죽은 자 가운데서 살아난 예수 그리스도의 부활을 향한 고백은 초대 교회의 이해에 따르면 다른 여러 신앙고백 중 하나의 신조(信條)가 아니라, 확실히 신앙과 고백의 근본이며

---

* 보른캄(Günter Bornkamm)은 1905년 독일의 괴어리츠(Görlitz)에서 태어나, 1990년 85세를 일기로 하이델베르크에서 하나님의 품에 안겼다. 보른캄은 튀빙겐, 마르부르크, 괴팅겐에서 신학을 공부하였고, 1930년 마르부르크에서 신학박사 학위를 취득했으며, 쾨닉스베르크에서 교수자격 논문을 완성하였다. 1937년 베텔신학대학의 독자적 강의 자격(venia legendi)이 독일 고백교회의 일원이라는 이유로 박탈당했다. 1939년 베텔을 떠나 뮌스터와 도르트문트에서 담임 목회를 하였으며, 1945년 다시 베텔의 강사로 받아들여졌다. 1947-1949 보른캄은 괴팅겐의 교수로, 1949-1971 하이델베르크대학교 신약학 교수가 되었으며, 1965/66 하이델베르크대학교의 총장을 역임했다. 하이델베르크 시절 그의 명저 『나사렛 예수』가 나왔는데, 불트만(R. Bultmann)이 부정적 분류 진짜(echt), 가짜(unecht) 예수의 말보다, 보른캄은 당시 초대 교회에 의한 예수님 말씀과 예수님 본인의 말씀으로 나누어 보다 긍정적으로 분류했다.

내용 그 자체였다. 그러기에 바울은 로마서에서 말한다.

> 네가 만일 네 입으로 예수를 주로 시인하며, 또 하나님께서 그를 죽은 자 가운데서 살리신 것을 네가 마음에 믿으면 구원을 받으리라 (롬 10:9).

역시 고린도전서 15:14에서도 바울 사도는 굳건한 명료성과 예리함으로 설명한다.

> 만일 그리스도께서 다시 살아나지 못하셨으면, 우리의 전파 하는 것도 헛것이요 또 너희 믿음도 헛것이며(고전 15:14).

그런 후 그는 계속해서 말한다.

> 또 우리가 하나님의 거짓 증인으로 발견되리니 우리가 하나님이 그리스도를 다시 살리셨다고 증언하였음이라(고전 15:15).

그렇다면 우리 크리스천은 모든 다른 사람보다 불행한 자이고, 불신자들의 추구인 내일보다 오늘을 즐기는 삶으로 차라리 회귀해야 할지도 모른다.

> 내일은 죽을 터이니, 먹고 마시자(고전 15:32).

이러한 표현을 통해 사도가 확실히 의도하는 바는 본인에 의해 열거된 부정적 귀결의 소위 받아들일 수 없음으로부터, 질문의 가치가 있는 그러나 광범위하게 최종 조치의 의미에서 기독교 복음 진리를 위한 하나의 긍정적 논증을 끌어내려 생각하려는 것은 확실히 아니다.

 부활의 모든 것이 기만이요 사기일 때, 그렇다면 우리는 어디로 향해야 하는가?

 그것보다는 사도는 훨씬 더 명료하고 일관되게, 더 희미한 가능성에 맞닥뜨리며 단지 모든 비기독교적 증인에 의해 입에 오르내리는 경박한 말들에 맞선다.

> 그러나 이제 그리스도께서 죽은 자 가운데서 다시 살아나셨다! (고전 15:20).

 그런 후 사도는 주장한다. 부활하신 자를 향한 우리의 믿음이 절대 환상과 판타지가 아니라, 그의 부활을 믿지 않고, 그 부활을 선포하지 않는다면, 도리어 **우리가** 환상과 판타지를 만드는 자가 된다.

 우리에게 오늘날 초기 교회의 당연한 확신이었던 사건이 조금은 놀랍고 생소하며, 더 나아가 그 문으로 소통하기가 쉬워지기보다는 더 까다로워졌다는 점은 불문가지이다. 역사적 사실로써 그 사건을 그 누구도 따지려고도, 나아가 부정하지도 않는데, 부활이 없다면 기독교는 오늘에 이르기까지 존재 자체도 없었을 것이리라.

또한, 그러한 놀라운 복음이 모든 기독교인의 초기부터 선포되고 믿어지지 않았더라면, 우리는 가장 오래된 교회 신앙고백과 힘겹게 상관을 맺었을 것이다.

그러나 앞선 세대의 신앙 확신이 물론 전혀 거리낌 없이 우리에게도 확신이지 않다는 것이다.

어떻게 **우리가** 그러한 부활 신앙으로 나아갈 수 있을까?

이 글에서 우리가 던져야만 하는 질문으로, 그 물음은 다시 신약의 본문들로 우리를 향하도록 이끈다.

부활의 말씀을 경건의 목적으로 읽지 않고, 단지 역사-비판적으로 질문을 던질 때, 그 연도와 양식에 따라 차이가 크다는 것을 금방 확인한다. 물론 이러한 관점은 역사적 진술로서 신약의 본문들을 우리가 받아들일 것을 요청한다. 자타가 공인하는 대로 가장 오래되고 신실한 역사적 진술은 고린도전서 15장의 도입부에서 교회가 기억하기를 바라는 하나의 신앙 형태의 말씀이다.

> **성경대로 그리스도께서 우리 죄를 위하여 죽으시고, 장사 지낸 바 되셨다가 성경대로 사흘 만에 다시 살아나사 게바(베드로)에게 보이시고** (고전 15:3-5).

그런 후 부활을 목격한 증인들을 연이어 일컫는데, 바울이 마치 그 어떤 보고서를 따라 읽으며 열거하듯, 마지막에는 본인 자신에게도 주님이 나타났다고 말한다. 이 본문은 여러 의미를 갖는데, 여기서 단지 몇 가지를 살펴 보자.

첫째, 그의 오랜 연도다.

바울 자신이 그 신앙 형태를 계승하였으며 계속해서 전해 주었음을 확증한다. 그렇다면 확실히 그 신앙 형태는 주님 부활 이후 초기 교회의 가장 오래된 그 어떤 시점으로 돌아가게 된다. 다음으로 부활하신 주의 나타나심을 향한 증언의 폭이며, 나아가 모든 크리스천의 신앙을 위한 근원적 의미다. 그리고 끝으로, 고백이 말하는 내용이다.

부활하신 그리스도의 나타남만을 말한다. 그렇지만 예를 들어 복음서를 통해 우리가 아는 부활절 아침 여인들에 의해 발견된 빈 무덤 이야기는 언급하지 않고 있다.

고린도전서 15장을 기록할 당시 거의 확실하게 바울은 그 소식을 모르고 있었던 것 같다. 빈 무덤에 관한 이 이야기는 그들에게는 부활 역사의 면류관에 속하는 것으로서, 바울이 쓴 성경 본문에 초기 십 년 동안 예외 없이 기록하고 있다. 특히, 예수 수난에 관한 이야기가 아주 일관된 모습으로 전해지고 있는 것과 비교할 때, 빈 무덤에 관한 전승은 지나치게 다양하다.

초기 교회의 여러 복음서로부터 시작하여, 보다 후기 묵시론적 전승에 이르기까지 여러 아주 다양한 의도를 가지고 부활 진술의 안착을 눈여겨보면, 미화된 설화의 영향을 강하게 받았음을 쉽게 확인하게 한다. 바울의 본문과 비교할 때 다양한 진술들 사이 나타나는 특이성뿐 아니라, 간과할 수 없는 차이가 서로 있다는 사실이다.

그렇다면 이러한 전승에서 부활 사건에 관한 그 어떤 믿을만한 역사적 정보를 취할 수 있는가?

분명한 것은 어떤 경우이든지 이를 기대할 수는 없다. 특이한 것은 그 부활 사건의 선행 과정에 관해 신약은 완전히 침묵하고 있다. 이러한 주저함은 조금은 거칠게 묘사된 보다 후기 전승에서 처음으로 보이지 않지만, 역시 신약성경에 그려지는 빈 무덤 등 부활 이야기는 생략되지 않고 있다.

마가에 의해 묘사되는 가장 오래된 빈 무덤 이야기는, 한 예로 교회사가 한스 폰 캄펜하우젠(Hans von Kampenhausen)에게도 마찬가지지만, 항상 보다 가까이 설명해야 하는 실체를 역사적 핵심으로 최소한 확인하려 했다는 것이다.

그 부활의 아침 예수의 무덤은 비어있어야만 했고, 최소한 부활하신 주의 나타남이 가장 광범위하게 퍼져있었던 갈릴리로 향했던 제자들의 행진을 위한 주요 근거가 되었다. 분명한 것은 주의 나타남을 묘사하고 언급하는 곳 그 어디에서도 무덤 이야기는 언급되지 않고 있다. 최소한 그럴 수 있는, 물론 나 역시도 다른 많은 연구자와 함께하는 생각은, 빈 무덤의 설명과 한 천사에 의해 주어진 그 의미에 예수 부활의 기적을 보다 믿을만하고 설득력 있는 것으로 만들려는 하나의 시도를 하고, 유대인 곡해에 맞서 변증적으로 방어하려

했다는 점이다.

역사적 전승의 이러한 확인으로부터 무엇이 도출되는지?

확실한 것은 첫째로 이것인데, 알다시피 오랜 연도 때문에 가장 앞선 기독교의 완전히 일치하고 명백한 부활절 복음은, 바울이 기록한 본문이 그것을 우리에게 생생하게 그려내고 있는데, 그러기에 보다 후기 다방면으로 광활하게 번져간 부활절 이야기를 위해 어떤 경우이든지 그 우위성을 갖는다. 그것 때문에 복음서의 부활절 이야기가 절대 저평가되거나 의미를 잃는 것은 아니다. 그러나 역사적으로 그들과 함께 물을 것도 없이 우리가 고도로 불안한 기반으로 들어선다.

그러나 믿음에 관해 그것이 말하려는 것이 무엇인지?

그와 더불어 믿음의 근본을 박탈하는 것일까?

그래서 실제로 불신앙은 그것을 두고 말하고, 게다가 역사적 성경 연구의 성과들을 기꺼이 떠받친다. 그러나 기독교 신앙의 확고하고 널리 유포된 하나의 형태는 근원적으로 다르게 생각하지 않는데, 그것은 단지 역전된 결론과 함께인데, 그러기에 그러한 역사적-비판적 성경 연구가 하나의 위험하고 귀납법적 업무라는 것이며, 의심할 수 없고 더 확실히 주장되어야 하는 불확실한 묘사로서 신앙은 바로 그런 전선에서도 증명되어야 한다는 것이다.

그러나 믿음은 신약이 우리에게 요구하는 바로 그런 것인가?

확신컨대 전혀 그렇지 않다!

그렇다면 믿음은 역사적 이성에 대적한 폭력 행위 이상 다른 그 무엇이 아니라 할 것이며, 믿음은 무덤의 비어있음의 경우, 하나의 이루어진 사건을, 역사가가 믿지 못할 뿐 아니라 최소한 증명할 수 없는 것으로 여기는 바를 도리어 의심할 수 없는 사건으로 평가절상하고 설명하는 것으로 입증되었다는 것이다. 과거 하나의 특정 사건이 그렇게 다르게 행해지지 않았더라면, 마치 신앙은 그와 더불어 존재하고 이루어진 것이라 하겠다.

믿음과 불신 사이 충돌에서, 둘 다 얼마나 많이 빈 무덤을 주목하는지 그리고 같은 식으로 천사의 말의 판결을 따르고 있는지를 사람들은 인식하지 못하고 있다.

"너희가 어찌하여 산 자를 죽은 자들 가운데서 찾느냐?!"

아니다. 부활절 복음의 진리에 관해서는 다르게 그리고 다른 곳에서 판가름이 난다. 비록 성경 본문 자체가 부활절 복음의 진실성에 대한 증거를 제공할 수는 없지만, 성경 본문에 대한 역사적 비판적 연구는 우리에게 이것을 결정적으로 제시하지 못한다. 오직 믿음의 문제일 뿐이다.

그런데 무엇이 실제이며 진리라는 말인지?

신약 본문들은 말한다. 인간의 눈앞에서 펼쳐진 골고다 언덕의 최후 파국 이후 죽은 줄로만 믿었던 그들의 주님과 새 만남에 참여했다는 사실이 결정적으로 모든 것을 말하고 있다. 이러한 만남을 통해 그들은 고백하기를 거부하는 세상 사람에게 고백하고, 그리스도는 패배자가 아니라 승리자요,

죽음에서 무너져버린 자가 아니라, 살아있는 자요, 스스로 그의 말씀으로 그리고 성령의 능력으로 그들과 함께 현존한다는 것을 깨달았다.

여기서 그들의 믿음의 순전한 비전과 숙고에 대해 말하는 것은 역사적 인식의 한계를 뛰어넘는데, 이는 다른 사건들을 향한 모든 시도처럼 역사 전개 과정에서 일어난 부활 사건을 확정하려 하는 것은 역사적 인식의 한계를 뛰어넘는다.

첫째, 믿음은 모든 종류의 심리학적 설명 기술들에 빠져들지 않아야 옳다. 역사가에게도 더 바람직한 것은, 여기서 하나의 역사적 사건에 대해 말하는 것은 그의 일상적 개념들을 가지고는 그것을 오산할 수 있다. 그러나 궁극적으로 예수 부활과 제자들 앞에서 그가 가르친 계시를 향한 믿음은, "제 삼일에 다시 살아나셨다"라는 고백이 말한 대로, 하나님의 놀라운 행위로서만 말할 수 있다.

부활절에 관한 모든 성경 구절에서 확인되듯이 더욱 확실한 것은, 제자들이 부활하신 주님과 만날 때 두려움과 절망 그 이상 어떤 것도 동반하지 않았고, 파우스트가 부활절 산책에서 말한 "그들은 본인 자신이 다시 살아난 것처럼, 주의 부활을 기뻐한다"라는 말은 절대 제자들에게 해당하지 않았다.

그들 믿음의 확실성은 예수의 수난과 죽음의 공포를 극복하지 못하였고, 그들 스스로 정신을 차릴 수 있도록, 그들 주님의 종말에 위안을 주는 해석을 부여할 수 있었다. 그들의 믿음은 살아 계신 주님에 의해 훨씬 더 새롭게 일깨움을 받았으며, 그들이 죽어 버린 자라는 사실과 그러나 부활하신 분이 온 세상의 주라는 사실을 깨달았다. 게다가 이 놀라운 대조 그 이상이다. 동시에 예수님은 그들을 생명으로 불렀다.

> 내가 살아있고, 너희도 살아 있겠음이라(요 14:19).

죽은 자의 부활은 그리스의 영혼 불멸 사상, 사라질 육체의 감옥으로부터 해방되어 죽음이 범접하지 못하는 상태와는 전적으로 다르다. 부활에 관해 성경을 읽으면, 그리스도의 부활, 죽음을 물리친 부활은 하나님의 능력으로 전인이 죽음을 통해서 새로운 사람이 되는 새 창조의 기적을 의미한다. 성경 안에 그 시대적 개념들이 관련된 무엇이든지, 언제나 결정적인 것은 그것들 자체가 아니라 그들이 말하고자 하는 무엇인데, 그것은 우리 세계와 역사 가운데로 구원하고 해방하는 하나님의 세계가 뚫고 들어옴이다.

더 이상 과거에 이루어진 역사의 희귀한 한 사건이 아니라, 살아있는 사람들 사이로 최소한 죽었던 한 사람의 시간적 귀환이 이루어진 기적이다. 오히려 예수의 부활은 세상과 역사의 종말 그 자체를 확실히 의미한다. 이것은 많은 사람에게 훨씬 더 판타지로 들려온다. 또한, 그것은 수백 년, 수천 년 동안 역사의 진행을 통해 충분히 반박된 것처럼 보인다. 그러나 신약의 의미에서 볼 때도 시간과 역사의 끝은 전혀 언급되지 않는데, 당시 역사적 시간이 정지되었을 뿐 아니라, 어제, 오늘, 내일은 더는 있을 수 없다는 것이다.

그러기에 만약 그렇게 흘러갔더라면, 기독교의 믿음은 불가피하게 매우 빨리 무너졌을 것이다. 그것은 훨씬 더 많은 것을 말하는데, 인간의 눈을 위한 보이는 세계와 인간의 존재를 위해 포로 되게 한 노예화된 권세에 취하도록 유혹하고, 동시에 가장 무섭고 치명적인 위험을 무릅쓰고 패배하면서, 하나님의 피조물과 자녀들의 자유로의 길을 활짝 열었다는 것이다.

눈에 보이지도 않고, 또한 각자 마음의 경험에도 말할 것도 없이 반하지만, 확실한 것은 오직 믿음만이 그것을 듣고 이해한다. 그러나 그는 그것을 붙잡고, 더 이상 자랑하지 않으며, 또한 세상이 하나님의 약속과 희망의 결정적 징조를 없앨 수 없는 것을 안다.

부활절 이후, 믿는 자들은 예수 그리스도의 요청, 약속, 그리고 물음 아래 서 있다. 그들이 그리스도의 삶과 통치를 그들 본인의 존재를 위해 적용하려 하는지, 그리고 또한 세상을 그들의 주님의 승리 영역으로 간주하려 하는지다.

우리는 이제 그리스도의 부활에 대한 믿음이 과거 언젠가 일어난 기적적 사건들의 기적적 그물망을 보존하고, 나아가 그로 인해 보존되게 하는 것을 절대 의도할 수 없음을 이해한다. 그러므로 신약성경은 신자들을 향해 말한다.

> … 우리를 거듭나게 하사 산 소망이 있게 하시며 … 너희는 하나님의 능력으로 보호하심을 받았느니라(벧전 1:3, 5).

서로 나누고 싶은 물음들

9

하늘에 오르사

안톤 푀그틀레 Anton Voegtle*

프라이부르크대학교 신약학 교수

"하늘에 오르사"라는 신앙고백은 사도신경의 일부 몇몇 조항이 보여 주듯이 기독교의 복음을 오래전 잊힌 옛 세계관

---

* 푀그틀레(Anton Vögtle)는 1910년 독일 빌지엔(Vilsingen)에서 태어나 1996년 86세를 일기로 프라이부르크(Freiburg im Breisgau)에서 세상을 떠나, 고향 빌지엔 공원묘지에 묻혔다. 그는 가톨릭 신학자로서 세계적으로 알려진 성경 주석자 가톨릭교회를 대표하는 신학자였다. 1930년부터 프라이부르크에서 철학과 신학을 공부한 그는 1935년 24살의 나이로 신학박사 학위를 신약학 연구로 취득했다. 1936년 프라이부르크에서 성직 서품을 받았고, 제2차 세계대전에 종군 신부로 참여해서 힘든 상황 가운데 영혼의 조력자로서 경험해야 했다. 오랜 시간 사목을 했던 그는 1949년 프라이부르크에서 '인자'(人子)를 주제로 신약학 분야 교수 자격 논문을 완성하였다. 1951년 트리어(Trier)대학교 신약학 교수로 부름을 받았으며, 1951/52년 겨울 학기 프라이부르크대학교 신약학 교수가 되었고, 1958/59년 프라이부르크대학교의 총장이 되었다. 1972년 하이델베르크학술원 회원이 되었으며, 1978년까지 프라이부르크에서 신약학을 가르쳤고, 1979년 교수직에서 은퇴하였다.

과 관계 짓는 그 예라 하겠다.

"하늘에 오르사"라는 이 고백을 사람들은 어떻게 오늘도 여전히 진지하게 받아들일 수 있을까?

우주여행의 이 세기에 말할 것도 없이 우리는 그 어느 때보다도 잘 알고 있다.

지구는 원반이 아닌 하나의 원형이라는 점, 어떤 의미에서 하나님의 왕궁과 함께 엄청난 구조로 이루어진 창공보다 더 높은 하늘이 펼쳐져 있다는 것일까?

거기다 사도행전 1:9-11에서 묘사하고 있는, 예수님의 승천은 마땅히 무엇을 말하는 것일까?

> 이 말씀을 마치시고 그들이 보는데 올려져 가시니 구름이 그를 가리어 보이지 않게 하더라 올라가실 때 제자들이 자세히 하늘을 쳐다보고 있는데 흰옷 입은 두 사람이 그들 곁에 서서 이르되 갈릴리 사람들아 어찌하여 서서 하늘을 쳐다보느냐 너희 가운데서 하늘로 올려지신 이 예수는 하늘로 가심을 본 그대로 오시리라 하였느니라(행 1:9-11).

의심할 여지 없이, "놀라운 사건"이라고만 불릴 수 있는 일이 벌어졌는데, 이를 이중 기적이라 부를 수 있겠다.

첫째, 예수님이 제자들의 눈앞에서 하늘로 올랐다.

둘째, 비록 이것이 놀라울 정도로 간결하게 묘사할 수 있을지라도, 숨은 구름이 주님 "승천"을 즉시 보이지 않게 했다.

그렇다고 이것으로 충분하지 않다!

두 명의 천사가 하늘을 올려다보고 있는 제자들 사이에 기계로 만들어진 신(Deus ex machina)처럼 서 있었는데, - 성경의 상상을 따라 천사는 흰옷을 입은 두 남성으로 일컬어지고 있다!

아울러 기적적인 이 사건은 보고 들을 수 있는 과정으로 펼쳐진다. 제자들의 쳐다봄이 특히 독특하게 강조된다.

> 그들이 보는 앞에서 … 계속하여 그들이 보는데 … 그들이 자세히 하늘을 쳐다보고 있는데 … 어찌하여 서서 하늘을 쳐다보느냐?

그리고 예수께서 승천하는 동안 "제자들이 자세히 하늘을 쳐다보고 있는데"라는 문장은 어느 정도 시간이 요구되는 하늘로의 비행에 대한 상상을 어렵지 않게 유발한다!

그러기에, 이 장면이 문자 그대로 말하려는 것이 아니라고, 아무도 나에게 둘러대지 않았으면 한다!

확실히 그 장면은 속성상 볼 수 없는 사건을 실제로 눈에 보는 듯 생생하게 표현하기를 원했다.

"위로 들어 올리우다", "그들이 보는데" 같은 단어들이 분명히 뭔가를 말하고자 했다면, 기록자는 이 장면을 통해 그토록 경험적이고 감각적으로 인지된 사건으로 보고해야 했던 것이리라. 그렇다면 여전히 단지 하나의 진정한 대안이 있다. 이런 일이 일어났거나, 아니면 일어나지 않았거나, 즉 일종의 사기든지, 하나의 놀라운 착상이든지 할 것인데, 그렇다면 사람들은 이를 믿음의 성담(聖譚), 신화 또는 다른 어떤 식으로든지 일컬어야 할 것이다.

아! 나는 이러한 숙고를 하는 신학적으로 비전문가 신도들을 향해 화를 내려는 마음은 없다. 고대 그리고 특별한 성경 세계에서 나타나는 서술의 형태가 가질 수 있는 다양한 기능을 알지 못하는 한, 일반 크리스천은 당연히 이러한 생각에 빠진다. 여기서 볼 수 있고, 들을 수 있는 사건으로 묘사되는 그 자체가 다가 아니다. 게다가 부활 사건을 이미 감각적으로 인식된 세상일로 해석해야 하는 것 역시 다가 아니다.

또한, 신약의 증인들에 의해 분명하고 확실하게 그 놀라운 하나님이 하신 일의 결과로써 묘사되는 주의 부활과 부활하신 그 주의 나타남 같은 사건들 역시 다가 아니다. 얼마나 신약성경이 예수 부활에 대해 총체적으로 말하는지, 특별히 복음서 기자 가운데 유일하게 주님의 승천 사건을 아주 놀랍게 그림을 그리듯이 인상적으로 묘사하는 누가가 특별한 의도로 가져오고 있는 그것을 인식하지 못한다면, 일반인은 어쩔 수 없이 이러한 선입견에 거의 굴복할 수밖에 없다.

우리 저자가 놓인 상황에서 부활에 관해 말하기 위해, 어떤 가능한 모티브와 묘사 방법을 사용할 수 있었고, 사용했는지, 그럴 때 누가복음이 보여 주는 이중 작품의 저자가 어떻게 예수님의 승천 장면을 이해했는지 하는 결론에 이른다!

그런데 먼저 다른 신약성경 기자들을 주목하게 되는데, 그중 우리는 누가복음의 승천 모티브를 받아들인 보다 후기 마가의 결론(막 16:19)은 지나쳐도 좋겠다. 그 누구도 주님의 부활 후 40일 동안과 그것을 종결짓는 승천에 대해 말하지 않는다. 마치 예수님의 '승천'에 대한 생각이 그들에게 완전히 낯설지 않았던 것처럼 말이다.

마태와 요한에게처럼 바울에게도, 물론 총체적으로 신약의 케리그마에 있어서도, 예수는 이미 그의 부활의 순간에도 하늘로 올랐는데, 부활은 그의 하늘로의 승귀, 하나님 우편으로의 오름, 권능 가운데 하나님 아들로의 앉힘은 같은 의미를 보여 준다. 단지 가장 중요한 그림 같은 이러한 전환을 표현하기 위해 케리그마의 하나 또는 같은 사건을 표현하기 위해 이처럼 시도했다.

그리고 이 부활, 이 승귀는 완전히 다른 저세상의 사건으로 이해되는데, 그 진리는 부활하신 주님의 자기표현에 근거해, 부활하신 주를 만난 사람들에게 더욱 확실한 확신으로 강요되었지만, 하나님 자신이나 하나님의 오른편에 있는 자로서 만큼 받아들여지기는 쉽지 않았다.

부활하신 예수께서 나타나실 때, 그러므로 그는 승귀한 자로서 하늘로부터 와서 나타나는데, 제자들과 바울 앞에 나타날 때, 아무 말도 없이, 아니 말할 필요도 없었기에, 예수 나타남을 끝낼 때는 그가 "올려졌다", 그가 "올라갔다", 게다가 물론 "그들에게서 보이지 않았다"(눅 24:31), 그가 "그들에게서 떠나갔다"라고만 묘사하는 것을 누가복음을 통해 읽을 수 있다.

그렇다면 왜 누가만이 부활하신 주의 마지막 나타남을 주의 승천으로 마감하고 있는가?

그의 두 작품과 사도행전의 목적에 맞게, 그는 특별한 관점에서 예수님 부활과 하늘 오름의 의미를 인상 깊게 생생하게 표현하려 했기 때문이다!

누가만이 그 40일의 기간에 대해 말한다. 그 기간에 예수님은 친히 그의 사도들에게 다시 살아났음을 드러냈고, 하나님 나라의 일을 그들에게 전했다(행 1:3). 그렇지 않으면 알려지지 않았을 그 40일이라는 숫자는 저자 누가 자신이 그 기간을 정확하게 이해했다기보다는, 성경적 언어 사용을 따라 상당히 긴 기간을 신성한 숫자를 가져와 대략 표기하고자 했다고 하겠다.

이 대략적인 신성한 숫자와 함께, 누가는 제자들이 예수 부활의 실체를 확신할 수 있었고, 성령의 능력 안에서 하나님 나라의 복음을 계속해서 전해야 하는 임무를 부여받았음을, 특별히 결정적인 기간으로 구원 역사적으로 강조하고자 하였다.

그것은 성금요일과 부활절을 통해 근거가 된 구원 경륜(heiloekonomisch) 상황과 조화를 이룬다. 부활하신 주의 나타남은 그 '사도들', 그들의 파송, 복음 선교를 위해 부여한 그들의 권한과 의무를 위한 근거가 됨은 신약의 보편적 확신이다. 바울도 복음서에서 주의 나타남을 보여 주는 본문 못지 않게 이를 빈번히 가져와 드러내고 있다.

사도행전 1:4-8에서 주께서 나타나서 하신 고별사에는 특별한 것이 있는데, 그리스도께서 곧 다시 오실 것이라는 초기 희망을 그리스도 계시 자체가 답하고 있었다는 사실이다.

즉, 성령의 능력으로 행해지는 복음 선교의 알려지지 않은 긴 시간, 그 시간이 먼저 도래할 것인데, 교회에 주어진 그 시간에 예수께서는 하늘에 계시며, 그의 "택하신 사도들이" 주님이 부여한 그들의 과업을 이행한다.

그러기에 누가는 이어지는 승천의 명백한 이별 장면을 제공하는데, 이를 통해 그가 말하고자 하는 의도를 위해 모든 생생한 요소들이 이미 역할을 하도록 했다. 곧바로 한 구름이 나타나 승천하는 주를 가려서 보이지 않게 할 때, 성경 기자는 순간 하늘에서 일어나는 기상학적인 현상으로, 또는 적절한 순간 하나님에 의해 바로 그 지점을 향해 마법이 일어난 것으로 생각하지 않는다. 이 소문난 성경적 모티브와 함께, 그가 말하고자 하는 바는 다름 아닌 이것이다.

> 승천의 본질적 전개, 하나님의 영광과 가장 은밀한 권능의 영역으로 그리스도가 받아들여짐은 인간 편에서 볼 때 미치지 못할 신비이다(Gerhard Lohfink).

동시에 그는 벌써 부활하신 주의 권세 넘치는 재림의 상징으로서 구름을 가능한 한 예시하려 했을 것이다. 이러한 이유로 누가는 바라봄에 대한 강한 강조를 병행하면서도 그 승천 과정의 감각적 인지력을 주장하려 하지 않았다.

오히려 그는 그것과 더불어 부활하신 주의 나타남을 보여주는 모든 성경에서 제자들이 중요한 증인 됨을 강조하려 했고, 나아가 성경에서 흰옷 입은 두 천사가 말한 대로 철저하게 비밀스러운 사건으로 이미 주어진 해석으로 예수의 승천과 높아짐의 의미를 준비하려 했다.

예수의 하늘로 승귀는 하나님의 권능과 영광 가운데 이루어질 재림을 보장한다.

> 너희 가운데서 하늘로 올려지신 이 예수는 하늘로 가심을 본 그대로 오시리라(행1:11).

누가가 강조하고자 하는 대로, 이스라엘의 회복 시점에 관한 사람들의 질문을 예수가 물리친 것은, 그리스도에 대한 신앙의 포기할 수 없는 진리인 그리스도의 재림 신앙을 절대 포기한 것이 아니라, 재림을 향한 강렬한 기다림을 느슨하게 만든다고 하겠다. 하늘로 올리 우신 주의 재림을 향한 생각은 단지 그 순간의 과업을 위한 각오를 자극할 수 있다.

말하는 바는, 이것이다.

이제 일터로 가야 해!

"어찌하여 서서 하늘을 쳐다보느냐?"

이제, 부활절 나타남의 마지막에, 십자가에 못 박히신 자의 다시 일어남으로부터 받은 성령의 능력 가운데 "예루살렘과 온 유대와 사마리아와 땅끝까지" 증인이 되기 위했는데, 이는 마치 이전 누가가 그리스도적 선교의 수행과 함께 선교적으로 사람들을 동원하기 위해 두 번째 글을 만들 계획을 세웠던 것과 같다.

그러므로 누가복음이 보여 주는 승천 장면은 아주 기꺼이 예수에게 사실적으로 발생한 하나의 놀라운 사건으로 명확히 말하려 한다. 즉, 천상의 존재 방식으로 이루어진 예수의 승귀(昇貴)를 보여 준다. 그러나 그 승천 장면은 외형적으로 보고 들었던 그러한 사건을 보고하려고 하지 않는다. 제자들의 주시, 하늘 구름, 설명하는 천사들 같은 무언가를 암시하는 묘사 수단의 도움을 받으며, 누가는 예수의 부활을 훨씬 더 신학적으로 해석하고, 무엇보다 예수의 부활이 부활절 이후 교회 역사 발전에 어떤 의미를 주는지를 말하려고 한다.

물론, 그래서 현대 주석자들도 말하길, 여러분이 믿음을 좀 더 쉽게 받아들일 수 있도록 큰 어려움을 확실히 최소한 이해할 수 있도록 탁월한 기교를 부렸다고 이해한다. 자, 누구든지 이것을 두려워한다면, 누가 스스로 이 해석의 정확성을 확인할 수 있게 해야 할 것이다.

그렇게 부활 후 가장 강력하게 물질화를 통해 그 현현의 실체를 강조하고, 제자들 본인이 당한 낙담을 물리치고자,

예수는 부활 후 처음 40일에, 부활 후 나타남의 끝에 하늘로 올라가셨고, 천상의 존재 방식으로 높임을 받았다고 이 사람은 아주 확실히 주장하나, 분명한 것은 증인에 의한 교회 공동체적 케리그마에 붙여 꿰매려 의도하지 않는다.

다른 신약에서와 마찬가지로 누가 역시 예수가 살아났지만, 아직 하늘로 높임을 받지 않았다는 식의 어정쩡한 상태와는 거리가 멀다. 그의 복음은 사도행전에서처럼 넉넉히 증언하는데, 누가에게 역시 예수 부활은 이미 그의 승귀, 하나님 보좌 우편으로의 그의 즉위를 뜻하며, 그러기에 그에게 있어 부활하신 예수의 현현은 말할 것도 없이 항상 하늘로부터 온다.

> 그리스도가 이런 고난을 받고 자기의 영광에 들어가야 할 것이 아니냐?(눅 24:26).

누가는 부활하신 주가 처음으로 나타났을 때 말했다.

마지막으로, 아직 한 가지 질문을 더 해야겠다.

만약 "하늘에 오르사"가 외적이고, 지구 공간적 개념과 전혀 상관없이 말을 했고, 당시 세 층으로 이루어진 우주 공간 이해를 근거로 순전히 초자연적 사건을 묘사하려 의도했다면, 우리는 신앙고백의 이 대목을 다시 새롭게 형성해야만 하지 않을까?

그렇다면 어떻게 좀 적절한 표현을 가져올 수 있는가?

나 역시 확신 있는 제안을 할 수 없을 뿐 아니라. 조금이라도 그것을 유감으로 생각할 수도 없다. 당시 세계관이냐, 아니면 오늘의 세계관이냐 하는 물음은 여기서 다루고자 하는 문제의 본질이 아니다!

생각할 수 있는 지상의 모든 차원을 넘어서는 다른 세상의 그러한 사건은 절대 적절하게 묘사할 수 없다.

어떻게 순전히 다른 차원의 이 사건에 대해, 사도들과 신약이 했던 것과 근본적으로 차별화하여 말해질 수 있을까?

구약 예언에서 폭넓게 이미 보여 주고 있는 성스러운 한 폭의 그림 같은 그런 표현들 말이다. 즉, 그는 하나님에 의해 높임을 받았으며, 하나님의 우편을 통해 높임을 받았고, 하나님의 오른편에 앉혀졌으며, 하나님의 아들로서 임명되었고, 하늘로 올라갔다.

서로 나누고 싶은 물음들

10

전능하신 하나님 우편에 앉아계시다가, 저리로서 산 자와 죽은 자를 심판하러 오시리라

한스 콘첼만 Hans Conzelmann*

괴팅겐대학교 신약학 교수

만약 우리가 - 먼저 가정적으로- 그 '사도' 신경이 기독교 신앙을 사실에 근거해 요약하는 것으로 받아들일 때, 그렇다면 이것은 신앙의 가장 불편한 교리다. 물론 이 말은 신앙

---

* 콘첼만(Hans Conzelmann)은 1915년 타일핑엔(Tailfingen/Württemberg)에서 태어나, 1989년 74세를 일기로 세상을 떠났다. 1934-1938년 튀빙겐대학교과 마르부르크대학교에서 신학을 공부하고, 1946년 2차 신학 고시를 마감하고, 튀빙겐의 헬무트 틸리케(H. Thielicke) 교수의 조교가 되었으며, 같은 때 로이트링엔(Reutlingen) 가까운 오나스테텐에서 담임목사가 되었다. 1948년 김나지움의 종교 교사로 활약하다, 1951년 누가복음 연구로 신학박사 학위를 취득하고, 1952년 역시 누가 신학을 가지고 하이델베르크에서 교수 자격 논문을 마감했고, 그곳에서 강사가 되었다. 1954년 스위스 취리히대학교로 부름을 받아, 2년 후 그곳에서 정식으로 교수가 되었다. 1960년 콘첼만은 신약학 교수로서 괴팅겐으로 부름을 받았고, 1966년 괴팅겐학술원 회원이 되었으며, 1978년 괴팅겐에서 은퇴하였다.

의 유용성 자체에 의문을 제기하는 것처럼 보인다. 물론 그것은 "… 불신자를 심판하는 것"이 아니고, 기독교인과 비기독교인, 개신교인, 가톨릭 교인, 마르크스주의자, 모하메드교도, 성인(聖人)과 귀족들, 수도사와 세계 어린이 모두가 해당한다.

그렇다면, 내가 나중에 모든 다른 사람처럼 예외 없이 심문받고, 그에 따라 나에 대한 선고(宣告)가 어떻게 떨어질지 알 수 없을 때, 나는 믿음에 대해 무엇을 할 수 있을까?

신앙고백의 이 문장은 바로 신앙(religion)의 핵심을 위협하는 것처럼 비친다. 사람들은 그로부터 죽음까지를 넘어서서, 우리 미래에 대한 확신을 선물할 수 있을 것으로 생각한다. 그것 대신, 심판이 나를 기다리고, 그래서 불확실한 상태로 빠져드는 사실을 나는 경험한다.

여기서 그 불안과 함께 비인간적 놀이를 하고 있지는 않은가?

우리가 두려움을 공개적으로 인정하든, 아니면 그것을 완화하기를 노력하든 간에, 마치 우리가 그것 때문에 충분히 궁지에 몰리지는 않는 것처럼 말이다. 수 세기 동안 얼마나 엄청난 중압감으로 심판을 향한 두려움이 인간의 생각과 감정에 가해졌는지, 사람들은 수를 셀 수 없는 중세(그리고 그 너머)의 최후 심판 묘사, 천국 묘사, 지옥 묘사를 통해 눈에 보는 듯 생생하게 확인할 수 있다.

그리고 오늘의 세계관이 기독교를 격하게 도전할 때, 이 세계관이 이러한 두려움으로부터 해방할 것을 약속한다는 깨달음으로부터 설득당한다. 인간은 마땅히 자기 존엄성을 향한 자유로운 인지 가운데 스스로 책임을 감당하는 고등 기관이어야 하며, 하나의 낯선 판결에 대해 이의를 제기할 수 없는 무력한 대상이 되어서는 안 된다.

기독교 사유 자체에서 최후 심판을 향한 사고(思考)는 점점 더 코너로 몰렸고, 기독교 본질에 관한 공적 논의에서 거의 역할을 못 하고 있다. 일반적으로 기독교인들마저도 최후 심판을 불편하게 생각해, '우리 그 심판에 관해 얘기하지 말자!'라는 식이다. 기본적으로 사람들은, 기독교적 활용을 위해 - 단지 꼭 필요할 때 창고로부터 최후 심판에 관한 생각을 꺼내는데, 종종 교인들은 '교회'가 다시 한번 회개의 강력한 말씀으로 '세상'을 섬겨야 한다는 그런 기분을 갖는 경우다.

그 사실은 더 이상 우리의 '정상적' 사고와 합할 수 없다. 만약 우리가 신앙 교리의 교회 규범을 따르지 않고, 우리 각자의 생각으로부터 나온 하나님과 인간에 대한 우리의 생각을 따른다면, 최후 심판에 관한 생각은 더 이상 시대에도 맞지 않고, 인간적이지도 않으며, 하나님께도 적절하지 않은 것처럼 보인다.

하나님이 확실히 존재한다면, 그는 좋은 아버지로서 은하수 위에 거주하며, 생의 환멸을 당하는 인간에게 보상하는 것을 숙고해야만 한다. 그는 인간에게 뭔가를 추가 지급해야 할 것이며, 이제는 뭔가를 더 요구해서는 안 된다. 기독교는 지난 2세기 동안 영적 쇠퇴에 시달렸다. 그것의 본질은 공공의 인식에서 펼쳐진 것으로 세 가지로 함축할 수 있다.

첫째, 보다 차원 높은 한 신(神)이 존재한다는 것은 절대적이고 독창적인 기독교 사상이 아니다.

그 사상을 위해 머리를 굴리는 것이 그만한 가치가 있는지, 사람들은 의심한다.

둘째, 인간은 불멸의 영혼을 가지고 있다.

사람들은 이 사상을 아름답고, 탁월하고, 심오하다고 생각한다. 그렇지만 그것은 어떤 경우든지 기독교적인 생각이 아니다. 성경이나 신앙고백 그 어디에도 그것을 향한 단 하나의 그 어떤 암시도 없다. 물론, 그러한 생각은 죽은 자가 다시 사는 부활 신앙을 통해 제거된다. 기독교 신앙은, 인간은 죄악으로 타락했기에 죽음에 철저하게 붙잡혔고, 인간이 죄 용서를 얻을 때, 곧 하나님의 심판에서 그를 의롭다고 선언할 때, 그는 영원한 구원을 얻는다고 고백한다.

셋째, 평균적 종교성이다.

인간은 영적으로 자유로운 존재이고, 도덕적 책임을 지닌다. 이 역시 기독교만의 특별한 사상이 아니다. 당연히 내가 내 행동에 책임을 지는 것은 맞지만, 기독교는 인간이 자유를 상실했다고 명확히 가르친다. 그러나 보통 말하는 대로, 이러한 신앙관의 불편한 점들은, 보통 기독교적 각성 속에서

'사랑하는 하나님'이 계시고, 한 훌륭한 인간답게 삶을 마감하려고 최소한 노력했다면, 죽음 후에도 그가 잘 지내게 될 것이라는 확신으로 가려졌다.

이것이 정말로 최후 심판을 향한 더욱 이전의 오래된 입장에 맞선 하나의 진전인가?

어쨌든, 그 일은 절대 쉽게 이뤄지지는 않는다. 말할 것도 없이, 자기들을 기독교인이라고 일컫는 사람들의 무리를 넓게 바라보면, 독특한 정신 분열 증상을 앓은 자들을 여기저기서 목격할 수 있다.

심지어 사람들이 정신적으로 자유롭고, 현대적이라고 느끼는 곳에서도, 교회와 목회자가 신화적 상상들에서 **보수적으로** 생각할 것을 기대한다.

왜 그런가?

공공연하게 하나의 최후 보루를 확보하기 위해서다. 물론 그 일에 대해 뭔가 더 있어야 하고, 만약 사람들이 **그래도 죽음 이후 하나님을 개인적으로 만나야** 한다면 말이다.

그렇다면 하나님이 심판자이고, 우리가 그의 앞에 서서 그에게 자기를 변호해야 한다는 주장의 진실에 관해 질문을 던지도록 하자!

하나님의 실존과 기독교 신앙의 그 진리가 특히 그랬던 것처럼, 이 진리는 학문적으로 증명될 수 없다는 것은 처음부터 명약관화다.

하지만 어떻게?

이 물음은 우리가 신과 인간의 관계에 있어 전체 내용을 주시할 때만 답할 수 있다. 물론 신앙고백은 우주의 건설, 천국과 지옥의 건축 계획, 자연과 역사를 향한 미래 전개에 대한 예측이 아니라 믿음, 사랑 그리고 소망에 있어 하나님이 현재와 미래에서 우리 존재에게 무엇을 의미하는가다.

하나님이 우리에게 주신 기회로서 우리의 현재에서 진정한 인간의 존재를 구체화하기 위해 즉, 경험하는 현존의 한계와 죽음을 초월해 우리의 미래에 도달하기 위해서다. 우리는 천국과 지옥, 하나님과 마귀의 이미지를 형상화하므로 신앙고백의 구절들을 이해하지 못한다. 그것은 판타지일 수도 있다. 우리 자신의 존재에 있어 진실과 거짓말, 구원과 정죄인지를 인식할 때 요구되는 것으로 우리는 이 문장들을 이해한다.

만약 우리가 그것들을 출생에서부터 죽음까지를 가로지르는 풍경화에서 강조하고자 하는 방향 표시로 이해할 때, 죽음은 결승점의 총체적 표시다. 하나님이 우리와 함께한다는 것을 알게 되면, 우리는 '천국'에 거하며, 그리스도를 통해 하나님이 계획한 일을 우리에게 알리신 하나님은 신앙고백의 하나님, 창조주 하나님, 아버지 하나님이다. 지금까지 우리가 가정적으로 받아들인 대로, 신앙고백에서 눈에 띄는 것은, 하나님이 아니라, 예수 그리스도가 심판할 것이라는 점이다.

말할 것도 없이, 소위 말해 이것은 하나님의 중지를 의미하지 않는다. 그것은 미래에 있어서까지 인간의 몸을 입고 죽임당한 하나님이신 그리스도 안에서 유효한 하나님과 나 사이 근본 원칙을 고수할 것이라는 의미다. 우리가 지금 언급하고 있는 문장은 그 앞선 문장들과 지금까지 다룬 글들 가운데서 논의되었던 문장들로부터 이해되어야만 한다. 그 모든 것은, 두 번째 신앙 조항의 정점에 서 있는 예수 그리스도가 주님이라는 한 문장으로 요약될 것이다.

이것은 세상과 단절된 근엄한 상태에서 나부끼는 수염을 기른 노인이 하나님이라는 것을 의미하지 않는다. 그는 세상이 들을 수 있도록 분명하게 말한다. 무엇을, 어떻게 그리스도를 통해 경험할 수 있는지 즉, 우리에게 주어진 삶의 용량, 우리가 짊어져야 할 과업의 용량, 우리에게 선물로 주어지는 성취의 용량 – 그것은 세상, 권력, 보이는 성과의 용량이 아니라, 죄의 과거를 청산하고 하나님과 함께 교제의 자유를 여는, 좌절되었고 파괴되었던 인간 예수 그리스도의 용량이다.

"하나님 우편에 앉으사"라는 이 구절은 과거(죽었고, 살아났고, 승천했다)에서 현재로 연결하는 다리를 놓는다. 즉, 그 오른쪽 자리는 영광스러운 자리다. 예수님이 세상을 향한 하나님의 대리인으로 묘사된다. 그로부터 우리가 기대해야 하는 것을 경험할 수 있다. 그 활은, 현재를 넘어서서 미래로 넘어가며, 계속 팽팽한 긴장을 유지한다.

"그는 저리로서 올 것이다."

3항은 그렇다면 이 문장과 상관된다. 3항은 설명한다. 우리가 그리스도의 부활과 생명의 주를 믿을 때, 우리 자신의 부활을 믿는다. 그리고 우리가 우리 자신을 최후 심판대 앞에 세울 때, 우리는 영원한 구원을 소망한다. 물음을 던진다.

그렇다면 2항과 3항은 서로 모순되는 것은 아닌가?

한쪽은 우리의 죄악의 용서와 그로 인한 소망을 약속하고, 다른 쪽은 최후 심판을 제시한다.

아니면 인간의 존엄이 사라진 인간적 감정을 위해 애쓰는 상태에서 우리는 두려움과 희망 사이 감당할 수 없는 균형을 유지해야 하는가?

이 두 항에서 용서하는 자와 재판관이 같다는 사실이 일치점이다. 만약 우리가 최후 심판과 재판관의 판타지 이미지에서 떠나지 않고, 이 점을 당연하게 가져와 숙고한다면, 우리는 두 항을 이해할 것이다. 과연 최후 심판이 무엇인지는 그리스도의 인성을 통해 규정된다. 최후 심판이 선물로 주어진 죄의 용서를 받아들이지 않는다는 것을 말한다.

이것은 물론 하나님께로 내 삶이 다시 돌아간다는 것을 의미한다. 나는 내 삶을 근본까지 밝혀낼 수 있는 자유를 부여하신 하나님 앞에 있는 그대로 보여 줄 수 있다. 나는 죄인으로서 믿음을 통해, 그 죄를 가리지 않고도 자유롭게 죄를 고백할 기회를 얻었다.

최후 심판은 미래를 위한 기회다. 이 자유 안에서, 환상 없이, 죄의 고백 가운데, 하나님 앞에 설 수 있다. 그러므로 최후 심판을 향한 기대는 세상의 자유로 바뀐다. 자유는 환상으로부터 마치 내가 죄책감을 뚫고 나갈 수 있는 것처럼 우선 내 자아에 대적하는 것이다. 그 어떤 희망의 출구가 없는 곳에서도 진리 편에 서며, 그 어떤 유익도 없고, 본인 자신이 위험해질 수 있어도 인간을 위해 당당히 그들 편이 되는 자유다.

최후 심판을 향한 기대는 죽음으로의 자유로 이끈다. 구원이 최후 심판과 함께 무엇을 성취하는지에 대한 비할 데 없이 탁월한 설명은 바울 서신 로마서 8:31-39에서 찾을 수 있다.

> 하나님이 우리를 위하시면 누가 우리를 대적하리오 자기 아들을 아끼지 아니하시고 우리 모든 사람을 위하여 내주신 이가 그 아들과 함께 모든 것을 우리에게 주시지 아니하겠느냐 누가 능히 하나님께서 택하신 자들을 고발하리오 의롭다 하신 이는 하나님이시니. 누가 정죄하리오 죽으실 뿐 아니라, 다시 살아나신 이는 그리스도 예수시니 그는 하나님 우편에 계신 자요, 우리를 위하여 간구하시는 자시니라. 누가 우리를 그리스도의 사랑에서 끊으리요 환난이나 곤고나 박해나 기근이나 적신이나 위험이나 칼이랴 기록된바 우리가 종일 주를 위하여 죽임을 당하게 되며 도살 당할 양같이 여김을 받았나이다 함과 같으니라. 그러나 이 모든 일에 우리를 사랑하시는 이로 말미암아 우리가 넉넉히 이기느니라. 내가 확신하노니 사망이나 생명이나 천사들이나 권세자들이나 현재 일이나 장래 일이나 능력이나 높음이나 깊음이나 다른 어떤 피조

물이라도 우리를 우리 주 그리스도 예수 안에 있는 하나님의 사랑에서 끊을 수 없으리라(롬 8:31-39).

두 번째 항의 모든 내용을 설명하기 위해 위 말씀 자체로 충분하다 할 것이다. 그러나 성경을 읽는 시간은 점점 더 줄어들고 있고, 교회에서까지도 성경 공부에 대한 수요가 많지 않다.

서로 나누고 싶은 물음들

11

성령을 믿사오며

발터 디억스 Walter Dirks*

서부 독일 방송의 문화담당실 책임자

크리스천은 성령을 향한 믿음을 신학의 첫 번째 그리고 기독론적 신앙 조항보다 일반적으로 높은 차원에서 받아들인다. 교리 문답에서까지도 역시 성령이 어머니로서 소개되는데, 처음으로 신성 안에 제 '삼위'에 관해 말하면서다. 어머니 성령은 여하튼 성부와 성자보다 나중에 그리고 구별되어 말한다. 성령에 관한 것은 사도신경의 모든 다른 어떤 진술

* 디억스(Walter Dirks)는 1901년 독일 도르트문트(Dortmund)에서 태어나서, 1991년 뷔트나우(Wittnau)에서 90세를 일기로 세상을 떴다. 파더본, 뮌스터, 기쎈, 프랑크푸르트에서 철학, 신학, 사회학을 공부하였고, 가톨릭 교인으로서 1924-1934년 기간에 프랑크푸르트 라인-마인 국민신문의 편집인, 나치에 의해 1933년 예비 검속되었으며, 1935-1943 프랑크푸르트 차이퉁에서 일했으며, 1943년 직업 금지를 당했고, 제2차 대전 후 1946년 '프랑크푸르트 헤프터'의 설립 동지 및 편집 동지, 1956년 이후 1967년까지 서부 독일 방송의 문화 담당실의 책임자로 일했다.

보다 강하게 가장 민감한 신학적 교리와 상관되는데, 그것은 삼위일체 교리와 관련된다.

지옥 하강은 예외로 치더라도 기꺼이 신앙고백의 모든 다른 상징은 신앙의 상상력을 증진하기 위해 쉽게 가져온다. 이것은 또한 말씀 증거의 관점에서도 유효하다. 구약뿐 아니라 신약에서도 하나님의 "영"에 관한 것을 읽게 되는 것은 우리가 성령이라 고백하는 제3위와 그렇게 단순히 일치하지 않는다.

우리가 신학자들로부터 성령이 "인격"이라는 말을 들었을 때, 그만큼 성령 자체에 대해 놀라울 정도로 우리에게 분명한 점은, 우리가 인간의 자기 이해로부터 발전된 하나의 개념을 전혀 다른 것으로, 완전히 다른 사람으로 전한다는 사실에 대해 얼마나 모르고 있는지… 예수가 '사람'이라는 사실은 아주 어린아이에게는 전혀 문제가 아니다.

물론 예수는 인간이다. 그리고 그러한 직접적인 이해의 가능성에서 볼 때, 그의 후기 삶 역시 그렇다. 누구든지 예수를 만나고자 할 때, 사람들은 성경을 펼친다. 아니면 이웃에게서 그를 발견한다. 아이는 그 보이지 않는 '아버지'를 또한 쉽게 인정한다.

그러므로 성인(成人)으로서 그리스도는 이미 더 앞서 본인의 위기를 가지는데, 악인의 비약과 의미에 대한 불편한 질문과 함께 한 분 하나님에게서 나온 이 '첫 인간' 아담과의 구별과 함께, 사랑하는 아이와 아버지 사이의 문제 없는 관계에 대한 고정 관념을 현대 심층 심리학의 발견과 함께 흔들어놓았다.

가장 인상적으로 성전 뜰과 십자가에 죽기를 작정한 가운데서도 외로이 홀로 남겨져, 예수는 자기를 아버지와 구별한다거나, 아버지에 대해 말하거나, 아버지께 드리는 기도를 우리에게 가르치며, 본인 스스로 아버지께 기도한다.

그렇지만, 우리는 예수를 신뢰하며 따른다. 분명히 둘은 서로 말하는데, 한 명은 보이고, 다른 이는 보이지 않는다. 이 둘은, 아들 스스로 증언하는 대로, 하나다. 사람들은 그것을 이해하지 못한다. 그러나 우리는 그를 따르기를 추구하고, 이에 합류한다. 아들은 사람의 얼굴을 하고, 아버지는 신뢰하는 인간적 아버지로부터 그의 얼굴을 언제든지 허락한다.

그러나 성령은 우리에게 도움이 되는 넉넉한 상상을 가까이 제공하지 않는다. 성경이 우리에게 제공하는 여러 이미지 중 일부는 이해할 수 없는데, 비둘기가 그렇다. 폭풍, 숨결, 불, 빛 같은 다른 것들은 거대한 힘을 가지고 있다. 우리가 그를 우리 밖에서 아들을 또한 아버지를 찾으려 하는 한, 모든 점에서 그는 우리에게 낯선 분으로 남는다.

게다가 우리는 성령의 시대에 살고 있다. 이것은 천년왕국 신봉자나 성령 체험주의자에게 나타나는 이단적 신앙이 아니다. 그것은 기독교 진리다. 나사렛 예수에게서 출발해 그것이 구체화되었는데, 모든 것은 오순절 사건으로부터 시작되었다.

성령은 우리에게 모든 것을 가르치고 생각나게 할 것이다. 성령 안에 있지 않고는 우리는 예수의 이름이나 아버지의 이름을 단 한 번도 내뱉을 수 없다. 성령의 시대는 당연히 1000년도에도, 나아가 2000년도에도 아니 그 어느 때라도 오지 않는다. 우리는 성령 안에 살고 있으며, 동시에 분명히 승천과 오순절 사이에서 현재화하는 그러한 이중적 중간 왕국에 살고 있다.

오순절은 우리 자신의 것으로 하지 않고서는, 단지 교회 생활과 활동으로는 단 한 번도 확인될 수 없다. 제자들이 믿었던 대로, 우리는 예수 그리스도와 그의 아버지를 "믿는다", 예수가 승천하면서 감람산에 남겨 놓았던 때 제자들이 믿었던 것같이 우리는 믿는다.

그들 스스로 부인하지 않을 것을 믿으며, 그래서 우리는 가장 견고한 믿음 안에 있을 때, 우리는 바로 그 순간 의심하지 않을 수도 있다. 그러나 무엇이 실제로 믿음인지는 아마도 오늘, 아마도 내일 오순절을 통해 비로소 깨닫게 될 것이다. 우리는 그것을 알았고, 교회는 지금이 오순절 시대라는 것을 알았다.

그러나 동시에 항상 반복해 오순절을 아직 경험하지 않은 것같이 말한다.

"믿음의 주여, 나의 믿음 없음을 도와주세요!"

그리고

"성령님, 오소서!"

그는 마땅히 늘 와서, 함께하는 자다. 물론 우리는 이렇게도 말할 수 있다. 그는 본인의 할 일을 했고, 약한 자 가운데서 강하게 역사했다. 그러나 그것을 향한 감사는 아버지가 받는다. 그러므로 성령을 향한 가장 우선적 숙고는 삼위일체 하나님의 신비다.

사람들은 삼위일체에 관해 신학적으로 많은 생각을 했는데, 성령의 생성과 출현의 차이에 관해, 삼위일체 내적 관계, 삼위일체 내적 삶, 가장 추상적으로는 성령에 관해서였다. 하지만 여기서 우리가 할 수 없는 것에 관해, 논리적이거나 변증론적이 되려고 하는 점에 관해 경고하는 것보다 더 적절한 곳은 없는 것처럼 보인다.

삼위일체 신학은 때로는 하나의 장애, 함정, 막다른 골목, 알리바이(변명)다. 그렇지만 늘 풀리지 않는 신비 그 자체가 우리의 믿음을 지탱하고 동시에 더 큰 믿음으로 이끈다. 성경은 아버지와 아들에 관해 나름의 비체계적 방식으로 다른 것을 많이 말하고, 성경 색인 컨코던스 책을 보면, 놀라울 정도로 성경이 성령에 대해 다양한 많은 말을 한다.

확실히, 이러한 진술들을 서로 연관시키고, 서로 상치되는 그것들을 연결하고, 먼저 눈에 띄고, 더 숙고하고, 보다 고차원적이거나 복잡한 사상적 형태들을 따로 분류하고, 그것들을 결합하는 것은 허용될 뿐만 아니라, 그런 후 해결할 수 없는 모순을 비밀로 받아들이는 것이다.

그러나 만약 누군가가 이런 식으로 하나님의 생명을 스스로 이해하려고 노력한다면, 그는 논리적 한계뿐 아니라 실존적 한계에도 바로 직면한다. 즉, 영지주의자 또는 완전한 무법자의 유혹에 빠진 본인 자신을 발견한다. 우리에게 공적으로 선포된 성경 말씀을 나아가 우리 스스로 해석하려 애를 쓰는 것을 정당한 일이라고 나는 여긴다. 우리를 위한 하나님이란 말은 헷갈리는 것이 아니고, 겸손하고 바른 이해의 출발점이다.

그러면 정통 교리가 삼위 양식론(*Modalismus*)을 이단으로 정죄했던 것으로 먼저 어쩔 수 없이 빠져든다. 삼위 양식론이란 아버지, 아들, 성령은 단지 외형적 양태(Modus)인데, 나타나 드러나는 방식으로 분리될 수 없는 한 분 하나님의 우리를 향한 여러 모습으로 여긴다.

정직하게 말하면, 우리는 자신이 삼신주의자(Tritheist), 심지어 이신주의자(Bitheist)로서 행동하는 가운데, 일반적으로 그의 일치성을 항상 소홀히 여긴다. 경건한 일반 신자들은 하늘에 계신 아버지와 사랑하는 구주를 서로 다른 두 신처럼 말하지만, 역시 복음서나 성찬식의 예수와 만물의 창조자 아버지는 우리에게 반복해 제시되는 신의 두 가지 전형이다.

우리가 이스라엘 백성에게 계시 된 진리를 붙들려고 노력할 때, 그러면 삼위일체 신비에 대한 첫 번째 접근은 사실 무언가 하나의 양태적 이해와 같다. 하나님이 우리에게 무엇인지를 우리는 그분 안에서 구분한다. 곧 보이지 않는 창조자와 아버지, 사람이 되어 우리 곁에 있는 형제 그리고 우리 안에 있는 하나님, 성령으로 나눈다.

우리가 아버지와의 나눴던 예수님의 대화를 기억해야만, 오류가 교정될 수 있음을 우리는 안다. 먼저, 우리를 위한 그들의 존재에서만 우리가 구별하는 그 삼위(*die Drei*)는 역시 그들 스스로 구별되어야 한다. 인성 개념은 이것을 이해하는 데 있어 단지 질문할 가치가 있는 하나의 보조 도구다. 우리가 이해할 수 없는 인간적 방식을 향한 하나의 운을 찾기 위해 노력하는 중, 우리에게 글과 영적 경험은 하나님으로 나아가는 가장 인간적 길로서 양태론자의 교정된 이해의 출발점을 여전히 다시 항상 제시한다.

그러나 성령은 **우리 안에** 계시는 나눌 수 없는 그 한 하나님이다. 그는 우리에게 너무 가까이 계시기에 우리는 그를 간과하기도 하고 잊어버리기도 한다. 그가 우리 안에 계시지 않을 때, 신앙과 신앙 이해 역시 그를 단지 어렵게 발견한다. 예수께서 직접 반복적으로 탄원(歎願)하는 부르짖음은, 그와 우리 관계의 남은 부분으로 남는다.

성령님, 오소서!

그런데 그가 우리 안에 있다면, 그는 우리 자신과는 구별될 수 없다. 우리가 성령의 능력으로 살고, 기도하고, 행동하고, 사랑하면서, 우리는 성령을 알지 못하고, 우리는 우리 자신을 이러한 삶의 주체로서 이해한다.

만약 우리가 우리 안에서 그의 현존을 생각으로 경험하려 노력한다면, 그는 즉시 멀어진다. 그는 우리 안에 그 무엇으로 우리에게서 스스로 나눠질 수 없다. 신비주의자들은 그를 내적 빛이라고 일컫는다. 아마도 명상과 가장 고차원적 형태인 신비 침묵은 그의 내주하는 비밀에 관해 조금 알게 한다.

그러나 오늘날 그러한 일이 똑같이 일어나게 하는 능력은 약화된 것으로 보인다. 우리는 또한 그러한 경험의 근거를 일컫기 위한 말씀들이 우리에게 부족하다. 그렇게 성령은 하나님이다. 그러기에 그는 계시면서도 마치 계시지 않은 것같이 보인다.

다르게 말해, 그는 현존하는 하나님이고, 그는 그와 마찬가지로 인식 가능한 대상이 아니다. 하나님이 나에게 가장 가까이 계시는 것으로 보이지만, 나는 바로 그곳에서도 하나님을 그 어떤 대상으로서 이해할 수 없다. 그것이 십자가다.

마틴 부버(Martin Buber)와 에른스트 미셀(Ernst Michel)이 인간을 하나님의 파트너로 말할 때, 즉 인간의 파트너로서 하나님을 경험할 때, 부버 혼자에게만 있는 이 이해의 단초는, 먼저 아버지에게 집중하는 미셀에게 있어, 그러나 우리가 구별하기를 당연히 감행해야 하는 대담한 상상이다.

그리스도는 여전히 우리에게 매우 가까이 계신 파트너라는 생각을 한다. 우리는 그를 우리에게 인간, 구유에 누운 아기, 갈릴리와 예루살렘의 선생, 죽어가는 사람이며 나아가 다시 사신 자로서 상상할 수 있기 때문이다. 우리는 그 장본인을 일차적으로 만나기보다는 사람들의 형제와 이웃으로 함께 세례를 받았으며, 함께 만찬을 나눈 동료이기 때문이다. 우리에게 그리스도에게 나아가야 할 이유가 필요한 그 사람이 아니라면, 단지 우리가 이웃에게 스스로 도달할 때, 우리는 그리스도에게 이른다. 성령은 파트너십을 완전히 바로잡는다. 하나님의 영은 우리의 파트너 그 이상으로, 그는 우리 자신 안에 계신다.

이것은 이해하기가 쉽지 않다. 신학적으로 성령은 역동적이고, 하나의 능력(dynamis)이며 역사하는 힘을 가지고 있다. 그러나 다른 면으로는 세례를 받을 때 우리에게 일어나는 "거룩하게 하는 은혜"로서 우리 안에 거하는 정적인 성령의 존재에 대해 가볍게 생각할 수 없다. 예수께서 제자들에게 죄를 사하기 위하여, 너희가 성령을 받으라(요 20:22-23)고 말했다.

오늘날의 기독교인은 이 모든 것을 약속, 언약으로서 이해하고 싶어서 한다. 사람들이 의지할 수 있고, 그것을 목적으로 살 수 있고, 항상 다시 우리 안에서 적응할 수 있는 그 무엇으로 말이다. 하나님은 그의 약속을 지키기 때문이다.

그러나 하나의 존재 상태, 존재의 태도, 하나의 질서, 하나의 소유 또는 심지어 보증은 아니다. 어쨌든 성찬식에 함께 하는 우리 안에서 성령의 이 현재는 우리 안에서 일어나는 성령의 역사와 믿음에 의한 우리의 삶과 그의 능력 안에 있는 우리의 삶과는 아주 분명하게 개념적으로 구별되어야 한다. 그러나 존재 자체 안에 있는 것과는 나눌 수 없다.

유대인들은 기독교의 삼위일체 신앙에서 여러 상상이나 심지어 다신론을 꺼내기도 한다. 그러나 마르틴 부버는 우리가 성령으로 고백하는 그를 우리 안에 계시는 그 영원한 것, 지금 그리고 여기에 현존하는 원천적 현상들이라 생각했는데, 계시는 다음과 같이 썼다.

> 만남의 순간은 수용적 영혼 안에서 흥분되고, 영적으로 완숙한 경험이 아니다. 그곳에서 인간에게 무슨 일이 일어난다. 그것은 때때로 숨결과 같고, 때로는 격투와 같다. 어쨌든 그것은 발생한다. 인간은 본질에서 더 많은 능력을 소유하고 있다. 그렇지만 인간은 그것을 이전에 알지 못했고, 그 원천을 정확하게 측량할 수도 없다. 성경의 말씀을 가져온다. '하나님을 앙망하는 자는 새 힘을 얻을 것이다'.

만약 우리가 하나님에게서 오는 이 능력을 개인뿐만 아니라 자살의 위험에 처한 모든 인류에게 바친다면 성령은 반대하지 않을 것이다. 그 능력으로부터 우리는 지구촌의 평화가 이뤄지길 바란다. 우리는 하나님의 영으로 임하는 평화를 갈망한다. 우리는 성령의 능력으로 이 인류를 위해 위로, 능력, 인간화가 이뤄지며, 거룩하게 되기를 바란다.

우리는 **한 분** 하나님을 믿는다. 우리는 그의 영으로부터 우리 자신 안과 우리 모두를 위해, 우리 자신의 힘에 의존해, 우리가 절망해야만 했던 그 모든 것을 이루기를 기대한다.

서로 나누고 싶은 물음들

12

하나의 거룩한 그리스도적 교회, 성도의 교제를 믿사오며

알베르트 판 덴 휴벨 Albert van den Heuvel*

화란 개혁교회 사무총장

1950년 내가 입교식을 통해 교회의 구성원으로 받아들여졌을 때, 교회를 대적해 외부로부터 오는 거대한 공격은 이미 실제로 사라졌었다. 반교회 무신론자들은 그들의 힘든 전

---

* 휴벨(Albert H. van den Heuvel)은 1932년 네덜란드 위트레흐트(Utrecht)에서 태어나, 1950-1955 위트레흐트에서, 1955-1956년 기간에 스위스 바젤(Basel)로 옮겨 신학을 공부했다. 1956-1957 네덜란드에서 교회 사역을 했으며, 1956-1957년까지는 미국 뉴욕의 유니온신학교(Union Theological Seminary)에서 신학을 공부했고, 1958-1960년 동안에는 다시 고국으로 돌아와 네덜란드 국가연합회의 청소년 담당 비서관으로, 1960-1964년 기간에는 세계교회협의회 청소년부 담당 협력 비서관, 1964년 세계교회협의회의 청소년부 책임 비서관이 되었으며, 1967년은 그곳의 소통부 책임자였다. 1972년에는 화란 개혁교회의 사무총장으로 지명되었고, 1980-1985년까지는 네덜란드 진보적 언론위원회(VARA) 의장이 되었고, 1985년에는 화란 언론재단(NOS)의 의장으로 1993년까지 일하다가, 현직에서 은퇴하였다. 그는 '새 선교 시대?'와 '무신론'에 관한 글들이 있다.

투에서 승리를 거머쥐었었다. 그들은 법적으로 동등한 지위와 양식 있는 시민으로서 인정받게 되었을 뿐 아니라, 이제 사회에서 교회의 총체적 우월이 과거의 일로 간주되었다.

무신론자들은 항상 불성실하고, 정상적이지 않은 어리석은 사람들로 간주되는 곳으로, 교회가 여전히 콘스탄틴 시대의 모습을 고집하고 있는 현장에서, 우리가 이미 사라질 위기에 처한 것으로 판명이 난 그 마지막 끝부분을 붙들고 있는 것을 우리는 알았다.

그리고 1950년대 여전히 교회에 대항해 싸운 사람들은 적개심으로 가득찼거나, 그들의 설득에 넘어가지 않은 마지막 주자들을 그들의 일터에서 쫓아내기를 원했던 이타적 자유를 위한 투사였다. 불신앙과 신앙은 서로 평화롭게 공존하였는데, 한 편이 다른 편의 자유를 제한하려고 할 때만 싸움이 벌어졌다.

그러나 반(反)교회 캠페인은 더 이상 일어나지 않았다. 교회는 전쟁 중 체면을 구겼는데, 소수의 순교자 그룹이 존재하는데도 교회의 명예를 지켜내지 못했다. 교회의 세속화는 수백만 명의 사람을 교회 중심에서 이탈하게 했었고, 현대적 삶의 감흥이 전통적 어휘와 교리적 이해에는 낯선 것이었기에 믿음을 더욱 사적 영역으로 몰아갔다.

1950년대에도 교회는 전쟁에서 배웠듯이 계속해서 방어적 자세를 유지했다. 나치 이교도에 대적하던 교회 파수꾼들이 이제 교회 지도부에 올랐다. 교회와 바른 신앙고백의 방어는 그들에게 기꺼이 피를 흘리게 했고, 그들은 새로운 또는 새롭게 발견된 대적들, 이제는 교회의 타락과 세속화에 맞서 단순히 그들의 싸움을 계속했다. 사람들은 교회가 다시 교인들로 가득차는 것을 꿈꿨고, 신실한 성도는 더 열심히 모이도록 부름을 받았다.

개인 혼자만으로는 교인이 될 수 없다는 설교를 들으며, 우리는 교회 출석을 성실히 하고, 교회 일에 열심히 참여하며, 마땅히 보이는 교회가 되도록 하는 일을 염두에 두어야 했다. 교회일치운동까지도 도움을 필요했는데, 교회는 다시 하나가 되어야 했다.

그것은 다양한 교파 간 잃어버린 일치를 회복하는 것이었지만, 각 교파의 신앙고백을 향한 신실함은 교회 연합적 참여에 우선했다!

신앙고백은 침해받아서는 안 되고, 교회의 현장으로부터 떨어져 위험한 놀이를 하는 그러한 신학자들로부터 유혹을 받지 않도록 해야 했다.

15년 전 교회의 정식 회원이 된 우리는 처음 한 번 교회 회복에 참여하기를 요청받았다. 우리는 교회가 새로워져야 한다는 것 그리고 세상이 변했다는 것을 알았다. 우리가 무엇을 해야 할지 몰랐는데도 점점 새로운 삶의 느낌이 우리를 사로잡았다. 우리의 선지자들은 교회 구조 안에서 교회갱신을 위한 평신도 사역을 논하는 그런 신학자들과 목사들이었다.

여기서 말하는 평신도 사역이란 청소년 그룹들과 여름 캠프들, 설교와 예배를 위한 준비 그룹들, 전쟁으로 파괴된 예배당을 재건하기 위한 노동 캠프들이다.

우리는 함께 모여 성경을 공부했고, 위대한 신학자들의 글을 읽었으며, 다양한 직업 그룹을 특별히 섬기기 위해 조직을 점검했고, 나아가 더 많은 일에 참여했다. 이러한 교회사역은 60년대까지 계속되었다. 우리가 이 모든 사역에 임하면서도 절대 "회복"(Restauration)에 대해 언급하지 않았을지라도, 단지 교회갱신에 대해 항상 말하면서도 우리는 여전히 전통적 교회 구조에 대해서는 입도 뻥긋하지 않았다.

교회는 점차 이 '회복-신학'(Restaurations-Theologie)을 받아들였다. 그 신학은 당연히 교회의 기존 구조에 쉽게 흡수될 수 있어서 초기에 나타났던 조바심은 사라졌다. 교회 조직 내에서 발생하는 사역의 갱신은 공식적인 구호가 되었고, 오늘날까지도 그것은 대부분 교회 구성원의 꿈인데, 그들이 거룩한 하나의 교회를 고백할 때, 잘 작동하는 그 교회는 대체로 어제의 교회다.

대략 미국의 교회를 묘사하는 방법은, 잘 작동하는 전통적인 조직, 높은 예배 참석, 수많은 교회 프로그램, 높은 재정적 참여라 하겠다. '나는 거룩한 그리스도적 교회, 성도의 공동체를 믿는다.' 그 의미는 그리스도적 교회가 거룩하다고 믿으며, 세상으로부터 부름을 받아 완전히 구별된 사람들의 공동체라는 말이다.

그러나 우리는 그 회복이 약속을 지키지 않았다는 것을 아주 빠르게 인식했다. 예를 들어, 우리는 미국인들이 그들 교회의 문화적 유대에 대해 불평했다는 것을 들었다. 우리는 유럽에서도 회복이 기껏해야 교회로부터의 탈퇴를 막았지만, 새로운 사명으로 이끌어지지 않았음을 발견했다.

이 그림이 완전히 공평하지 않다는 것을 나는 잘 안다. 그 회복은 많은 사람을 새로운 신앙으로 이끌었고, 세상 속에서의 실천적이고 각성 된 신앙적 삶으로 평신도 소그룹의 눈을 열어 주었다. 그러나 일반적으로는 많은 일이 일어나지 않았는데, 따라서 교회갱신에 대한 물음은 항상 더 예리해야 했다.

역사를 통틀어 볼 때, 교회 형태가 항상 다시 새로워졌는데도, 왜 그렇게도 강하게 그들은 교회 형태를 고수하려고 하는가?
무엇 때문에 분열된 교회의 현장 공동체를 항상 다시 그 교회라고 명명하는가?
어떻게 일시에 그렇게 수많은 교인과 함께 성도의 교제를 나눌 수 있다는 말인가?
왜 성도들은 항상 신학자들의 후견이 요구되는가?
하나님이 세상을 사랑한다고 항상 말하는 교회에서 우리는 실로 그렇게 많은 시간을 보내야 하는가?

사람들은 대체로 교회 일에 참여를 위해 이론적으로 준비를 할 수 있는지, 아니면 단지 그 참여를 통해 교육받을 수 있는가?
우리는 단지 교회 사역 아니면 교회 조직에도 질문을 제기해야만 하는가?
과연 교회가 손을 댈 수 있는 경계선은 세금 공제, 세례받는 일, 예배 참석, 믿음의 문제, 목회자 후임, 그리스도와 그의 대담한 새로운 삶을 향한 공적 신앙고백에 있는가?
아니면 어디에 있는가?
또한, 과연 교회란 무엇일까요?

그리고 그와 더불어 마침내 물음이 제기되었다.
교회란 과연 무엇인가?
이에 대한 다음의 옛 대답은 이제 이해할 수 없게 되었다.
"교회는 바른 설교와 성찬식이 제대로 집행되는 곳이다."
물론 맞는 말이다!
그런데 설교가 바르게 행해지고, 성찬식은 합당하게 행해지고 있는 곳은 어디란 말인가?
"성직 제도가 존재하는 곳이 교회다."
물론 교회는 건물도 아니고 역시 제도도 아니다.
성경은 뭐라고 말하는가?
하나의 좋은 종교개혁다운 질문이다. 그러나 성경은 교회가 아주 다양하다고만 말한다. 백성, 신부, 소금 그리고 빛이라고 말한다. 교회를 표현하는 69개의 다양한 상징이 신약성경에서 사용되고 있다.

이 발견과 더불어 갱신신학이 시작되었다. **교회는 다수다**(Kirche ist Mehrzahl). 교회는 동시대에 많은 형태를 가지고 있다는 뜻이다. 이 말은 교회가 새로운 형태의 삶이기에 사사로운 삶으로 되돌아갈 수 없다는 사실과 관련이 있다.

그래서 두 번째 발견은 교회는 장소도, 본질에서 제도가 아니고, **일어남**(Geschehen), 행위다. 사람이 교회에 속해 있지 않고, 사람이 교회다. 교회는 조직된 것이 아니라, 부름을 받았다. 교회는 길이며, 교회는 일어난다. 하나님이 교회 자체를 위해 교회를 부른 것이 아니라, 세상에서의 하나님의 선교를 이행하기 위해 하나님이 교회를 불러냈다.

그래서 세 번째 발견은 다음과 같다. **교회는 선교다**(Kirche ist Mission). 그 선교란 많은 사역 중 하나가 아니라, 그것으로 부름을 받은 세상에서 하나님의 선교의 한 역할이다. 희망, 열린 미래, 비인간화를 물리치는 승리에 관한 기쁜 복음을 바로 전파하며, 복음을 더 광활하게 전하며, 삶의 모범을 보이며, 죽음이 판을 치는 세상에서 꿈틀거리는 생명의 힘을 과시하고자 했다. 이는 예수님이 새로운 시대의 전위 예술가(Avantgardist)처럼 사셨듯이 그러하다.

교회가 필요하거나 가질 수 있는 조직들은 그 모든 것이 이 주어진 사명에 도움이 되느냐 아니면 방해가 되느냐에 달려있다. 이 선교적 직무를 위해 구별되는 교회는 거룩한 교회다. 교회가 그리스도와 그리스도가 부여한 직무에 언제든지 집중하고, 개혁할 때 그리스도적이다. 교회는 그리스도를 따르는 사람들의 삶 속에서 구체화된다.

예전, 성례, 설교, 기도, 집회는 모두 교회 생활의 요소이지만, 그들 총체가 아직 교회를 형성하지 못한다. 그러기에 공적 교회라는 증거는 존재하지 않는다. 사람들이 주어진 선교적 사명을 진지하게 받아들이는 곳에서만 교회를 만날 수 있다. 확실히 이 말은 진정한 교회는 우리가 이전에 생각했던 것보다 훨씬 더 눈에 잘 보인다는 것을 뜻한다.

사람들이 희망을 얻는 곳, 우정이 살아있는 곳, 순교도 기꺼이 각오하는 곳, 교제 공동체가 이뤄지고 사람들이 자유를 향유하는 곳이 교회다. 설교와 성례가 집행되고, 기도하며 찬송하지만, 사람들이 미래를 향한 희망이 없고, 미래 불안이 지배하고, 서로에 대한 두려움이 공동체를 파괴하는 곳이라면, 교회가 아니라 하나의 종교 단체일 뿐이다.

그러나 이것은 또한 확실히 교회와 교파간, 교회와 신앙 고백적 전통 사이의 관계를 재고해야만 한다는 것을 의미한다. 나의 확신에 의하면, 교파나 신앙 고백적으로 조직화 된 공동체는 교회 존재의 가장 불가능한 형태에 속한다. 오늘날 가톨릭, 루터교, 개혁교회, 감리교회를 논하는 것은 거의 의미가 없다. 모든 교회는 내적으로 매우 분열되어 있고, 내적으로 매우 차별화되어 있어서 모든 교회에서 기독교 신앙의 모든 색조를 만난다.

"천주교 신자는 믿는다 …"
"루터교 교인은 말한다 …"

이런 문장은 오늘날 무의미한 확인이 되었다. 그렇다면 우리가 계속해서 물어봐야 할 것이 있다면, 베아(Bea)인지 또는 오타비아니(Ottaviani)인지, 디벨리우스인지 니믈러인지, 빌헬름인지 브라운인지를 말이다.

교회는 진정한 대화가 행해지고, 주어진 사명과 책임 있는 사회에 관해 실제로 깊이 생각하며, 모든 교파로부터 헌신적 사람들이 항상 만나는 곳이다. 언제든지 전통적이고 그들의 신앙 고백적 언어가 늘 새로워져야 한다는 사실을 배운 그런 사람들이다.

그를 위해 그들은 다른 사람들을 필요로 하는데, 그렇지 않으면 그들의 전통과 묶인 어휘로부터 절대 벗어날 수 없을 것이다. 그들에게 있어 교파는 갱신의 장애가 되었다. 교파는 실질적으로 기능할 수 있기 위해 유니폼이 필요했던 시대의 본질적 부분에 속했기 때문이다. 하지만 오늘날 그것은 전혀 정반대가 되었다.

우리 시대는 쉬지 않고 대화한다. 그런데 대화와 신앙고백은 몹시 서로 배타적이다. 전문가들의 아주 적은 그룹만이 서로 이야기하고 있음을 알려 주는 공식적 교회 일치를 위한 대화가 이를 위한 증거다. 전체 교회 구성원은 조직으로부터 대화에서 제외된다. 보다 이전에 로마교회를 부정하면서 유래한 유럽의 교파들은 "길 위의 교회"(Kirche unterwegs)를 추구하며 개혁하고자 했다.

종교개혁은 "교회 내에서 천천히 갱신하자"는 에라스무스(D. Erasmus)의 제안을 거부하며 일어났다. 하지만 지금 로마 교회는 다시 "길 위의 교회"에 관심이 없다. 이것은 근원적으로 교회의 조직을 위기로 몰아간다. 공의회 동안 우리는 하나의 교회, "완벽한 일치"(Perfect Unity) 안에서 함께 살 수 있는 모든 것을 보았다.

그렇다면 교회를 실제로 나눌 수 있는 것은 무엇일까?
교리적 차이들은 무엇인가?
하지만 어떻게 하면 우리 교회들을 함께 묶을 수 있을까?
교회를 합법적으로 분리해, 그들의 삶과 증인으로 함께 세상을 섬기는 것을 교회가 훨씬 불가능하게 만드는 것은 아닌가?

이것은 무서운 결과를 가져올지도 모를 일이다.
이 모든 것은 신조들보다 더 많은 질문을 부른다. 그것은 내가 거룩한 교회와 성도의 교제에 대한 믿음으로 정확히 이해하는 것이다. 왜냐하면, 나는 교회를 신앙에 대한 끊임없는 대화, 그 어떤 한 장소와 한 국가에 얽매이지 않은 공동체로서, 삶의 여정에서 언제든지 다시 만나는 선명히 보이는 교회로 믿는다. 아무도 그 수를 측량할 수 없는 하나의 무리다.

그러나 이것은 가입한 구성원들이 특정한 과업을 완수하기 위해 모일 때를 말한다. 교회는 또한 기관들을 가지는데, 이는 교회의 구성원들이 복음을 부끄러워하지 않는 자들로 형성되는 회원 자격을 가지고 있음을 의미한다. 그들은 서로를 알아가고 있다. 그러나 그 기관은 하나의 형태가 아닌, 최소한 교파로 이해된다.

그렇지 않으면 우리는 물론 더 이상 교회를 믿을 필요가 없었다!

거룩한 교회의 구조들은 최소한이다. 단지 주어진 과업과 군사로 소집하기 위해 요구될 때다. 교회의 가장 중요한 조직은 보편성으로, 그것은 양적으로나 질적으로나 보편적(katholisch) 조직을 말한다. 양적 보편성은 모든 세계를 대상으로 하며 민족주의를 멀리하고, 평화와 전 세계적 공의를 대적하는 숙적들을 극복하는 일이다. 질적 보편성은 모든 계시를 포괄하며, 일방성을 극복하고, 개방성과 수용성의 대적자를 제거하는 업무다.

교회의 보편성은 "지역적으로" 기념되는데, 마을, 도시, 국가, 대륙에서의 특정 장소와 지점을 의미한다. 이 기념의 리듬과 의제는 그때그때의 상황에 따라 결정된다. 대부분 기독교인아 "만족하든지 또는 거부하는" 오늘날 교파들은 그들이 믿는 한, 그들이 아직 볼 수 없는 것을 증명하는 선에서 교회에 소속된다.

서로 나누고 싶은 물음들

13

죄를 사하여 주시는 것

막스-파울 엥엘마이어 Max-Paul Engelmeier*
보훔대학교 정신 의학 교수

사람들이 나에게 "죄를 사하여 주시는 것"에 관해 글을 쓰기를 요청했다. 나는 정신과 의사다. 오늘날 정신 의학은 모든 방법론적 접근 방식에서 현대 경험론적 학문으로 이해된다. 그러나 현대 과학의 연구 방법으로 믿음의 법칙을 연구하는 것은 완전히 부적절하다. 이는 마치 한 권의 책을 화학적으로 분석하려는 것과 같이 어리석다.

---

* 엥엘마이어(Max-Paul Engelmeier)는 1921년 독일 뮌스터(Münster)에서 태어나, 1993년 고향에서 71세의 나이로 세상을 떠났다. 그는 베를린, 뷔르츠부르크에서 의학을 공부하고 1943년 의사 고시에 합격하고, 군의관으로 참전해 전쟁 포로가 되었으며, 감옥에 갇혀 1947년 석방되었다. 1948년 뮌스터에서 국가 고시를, 1949년 의학박사 학위를 취득했다. 1950-1965 뮌스터대학교 신경과 병원의 에쎈 정신과 책임자로 근무했다. 1957년 교수 자격 논문을 완성하고, 1963년 특별 계획에 따른 교수로서 임용되었지만, 1965년부터 보훔루르대학교(Ruhr-Universität Bochum)의 정신 의학 교수로서 일했다.

확실히 이런 식으로는 책 테두리 재료, 접착제, 섬유소, 인쇄 색깔, 처리 방법 등에 대해 많은 것을 찾아낼 수 있겠지만, 책 내용에 대해서는 거의 아무것도 찾을 수 없다.

나는 이 그림을 기억하기를 요청한다. 그것은 정신 의학의 경험 영역에서 하나님이 죄를 용서하는지, 아닌지에 대해 그 어떤 것도 확정할 수 없다는 의미다.

그렇다면 왜 나는 나의 학문이 적절하게 다룰 수 없고, 내 생각이 그냥 스쳐 지나가는, 결국 내가 질문만 할 수 있는 주제에 대해 숙고해 달라는 요청을 받았을까?

나는 추측하는데, 그 근거는 정신과 의사들이 가지는 죄책과 양심에서 큰 의미를 찾을 것 같다. 사람들은 계속해서 정신과 의사에게 유죄성과 책임에 관해 묻는다. 그런 후 세계와 마음의 모든 어둠의 원천으로서 본인 스스로 느끼는 우울증 환자에게 묻는다. 양심의 가책을 느끼는 사람은 자신의 비뚤어진 양심에 의해 폭력을 당하면서 죄 고백으로부터 죄 고백으로 몰릴 때, 그 해답을 종용받는다.

죄책과 속죄에 관해 스스로 어떠한 질문에도 실제로 직면할 수 없을 때, 가까운 친지들은 해명을 기대하며, 수치심과 증오의 병적 발발, 차가운 냉대, 고삐 풀린 체면 손상으로 인해 아주 강하게 상처를 입기를 기대한다. 마지막으로, 법정은 범죄자가 자기의 법을 어긴 것을 책임져야만 하는지 의문을 가질 때 전문가의 의견을 요청한다.

그래서 사람들은 정신과 의사가 죄, 죄책감, 책임감에 관한 주제에 대해 뭔가를 공헌해야 한다고 마땅히 기대한다. 이 기대 또한 틀린 것이 아닐 수 있다. 정신 의학은 죄책감의 증상, 원인, 영향, 개개인 특유의 형태, 병적 변화에 관해 상당히 신뢰할 수 있고 광범위한 지식을 제공한다. 하지만 나는 여기서 그것에 대해 말하고 싶지 않다. 심지어 짧은 개관마저도 이 글의 범위를 벗어나게 될 것이고, 그것은 또한 '죄의 용서'라는 주제를 완전히 놓치게 될 것이다.

우리는 마르틴 부버에게 실존적 죄와 죄책감 사이의 연관성을 밝혀 준 것에 대해 특별히 많은 빚을 지고 있는데, 부버는 죄책감과 속죄가 적어도 세 가지 다른 영역에서 실체라는 것을 입증하였다. 부버는 자백, 처벌, 손해 배상이 자리를 차지하고 있는 **법의** 영역도, 죄를 범한 자가 하나님 앞에서 죄인으로 고백하고, 회개하고, 죄 용서를 비는 **믿음의** 영역도 정신과 의사에게 요구되지 않는다고 강조한다. 정신과 의사는 생각보다 훨씬 더 그 중간 영역에 속한다고 할 것이다.

그렇다면 부버가 의사와의 대화를 계속하기는 쉽지 않을 것 같은데, 자아 깨우침, 자아 수용, 자아 헌신과 같은 의미를 묻는 자아와 상관 된 과정이 일어나는 인격의 영역이다. 부버는 이 분야를 **양심의 영역**이라고 부른다.

그래서 부버는 양심을 정신 치료사의 담당 영역으로 인정한다. 그로 더불어, 심각한 의구심을 역시 가지고 있지만, 그는 현대 정신 의학의 타당한 무미건조한, 전혀 객관적 양심의 인식을 공유한다. 우리에게 양심은 인간 발전사의 노정에서 구문 언어와 함께 인간이 획득한 개인의 중요한 기관이다. 인간은 모든 동물과는 달리 문장을 말하는 법을 배웠기 때문에, 인간은 판단하고 평가한다. 판단이 실종되고, 가치 중립적인 문장은 존재하지 않는다.

인간이 이러한 자신의 두 번째 언어적 세계에서 판단하며, 가치 부여를 위해 활동을 해왔기에 의미를 향한 물음을 더는 지나칠 수 없다. 그리고 우리는 양심을 인간의 개별적인 행동의 의미와 총체적으로는 우리의 실존에 대해 끊임없이 질문하는 그런 기관이라고 부른다. 이제 양심의 구축과 형태 동력에 대한 지식은 우리의 주제를 위해 중요하다. 양심의 모든 징후에서, 사람들은 인식할 수 있는 것으로부터 조금은 더 감정적인 부분을 구별할 수 있다.

우리가 불안, 두려움, 위기, 심지어 양심 찔림에 대해 말할 때, 우리는 감정적인 그 부분을 말한다. 이것은 아주 다른 불편함이지만, 그것은 항상 우리 삶의 매우 가까이서 경험된다.

최근 연구는 양심의 판단 없이도 그러한 양심의 불안이 존재한다는 것을 보여 주었는데, 이것은 상당수 자율적 근육 긴장 이상증(Dystonie) 안에 여러 불안 노이로제의 배후 때문이다. 이 환자들은 스스로 죄책감을 느끼지 않는다. 그들이 할 수 있는 한 최선을 다해 규율을 준수하며, 존경할 만한 삶을 살고, 법을 존중한다고 그들은 종종 아주 옳게 말할 수 있다.

그런데 그들의 삶을 엄밀히 살피면, 그들이 살아가는 삶의 현장을 들여다보게 되는데, 그 안에서 그들이 의미를 찾고, 조화를 이루고, 당위를 위해 살아가는 동안 그들의 감정이 그리고 정직, 가치, 존엄을 향한 그들의 욕구가 끊임없이 심각하게 상처를 입고 있다는 점이다.

우리에게 요구되는바, 의미를 찾고 의미를 부여할 그러한 기관의 도전을 그들이 잘못 인식한다면, 이 기관인 양심은 감정이나 자율 신경계의 교란과 같은 고립된 불안 현상으로 나타날 수 있다. 환자가 정말로 양심의 문제에 직면해 있고, 자신의 의미를 망설임 없이 묻고, 의미 있는 것들을 행할 자유가 위험에 처해 있기에, 불안과 교란은 보통 없어진다. 그는 자기의 존재를 공허한 것으로 바꾸겠다고 위협하는 무의미와 부조리에 직면한다.

감정적 양심의 몫으로서 이 불안은 일반적-인간적 현상이다. 그것은 사람이 감정을 잃을 위험에 처할 때 항상 나타난다. 그래서 이러한 근거에 따라, 우리는 감정 상실을 보통 심각한 성격 장애의 암시로 판정한다.

그래서 감각 훼손에 대해 두려움으로 대응하는 것은 정상적인 사람들의 자연스러운 능력에 속한다. 양심의 감정 분야에서 나타나는 통일성과 규율은 우선 혼란스러운 다양성과 인식 기능의 모순에 직면한다. 양심의 판단이라고 일컬음은 너무나 다양하고 모순된 의미를 담고 있기에, 사람들은 거의 이렇게 말하고자 한다.

너무 많은 머리, 너무 많은 의미.

우리는 지그문트 프로이드(S. Freud) 이후 이 정황의 원인을 더 가까이 알게 되었는데, 우리는 오늘날 모든 자녀에게 그들의 시간과 문명이 의미를 찾고 이행하는 규칙과 규범들의 결합을 그들의 부모에 의해 형성된다는 사실을 안다. 사람들은 이 형성 과정을 기본적으로 그리고 생물학적으로 충분히 상상할 수 없다.

그것은 언어 못지않게 깊게, 같은 시간 형성되는 식탁 – 및 청결 예절의 가치의 틀을 부여한다. 게다가 모든 문명화에는 불안 가득하며 소인배적인, 낙천적이고 열린 마음의, 냉담하고 차가운 부모나 각인 집단들이 존재한다. 그들은 개개인의 양심의 유형, 곧 그가 그의 가치관 내에서 어둡고 – 소심하며, 자유롭고, 개방적이거나, 균일하게 행동하는지를 결정한다.

그러나 사람들은 인류가 총체적으로 양심의 진보를 거쳤다는 것도 부인할 수 없다. 우리 세대는 두려움으로 둘러싸인 출발을 경험해야 했다. 모든 샘물과 덤불 안에 악령들이, 모든 장소에, 모든 행위, 협박들, 의식들, 마술에는 금기(Tabu)가 존재하며, 신비로움은 어디에나 넘쳐나며, 신성은 그 의미에서 죄인과 무죄한 자를 아무것도 아닌 허무로 넘어뜨렸다. 불안에 떠는 장본인들은 그 이유에 관해 감히 물으려 하지 않았다. 이러한 타부 – 종교들에 반해 율법 – 종교들은 하나의 진정한 해방을 의미한다.

이제 하나님은 법과 관례를 형성하였다. 신은 백성에게 법과 규례를 주는데, 그것을 지킬 뿐 아니라, 인내하는 욥처럼 그와 더불어 따질 수도 있다. 인간은 신성한 법이라는 의미의 틀 안에서 그 의미를 부여하는 입법자의 파트너가 된다. 대부분 인간의 양심은 여전히 오늘도 이 율법의 종교성에 상응한다. 나사렛 예수의 엄청난 생애를 공감할 수 있는 사람은 단지 소수였다. 그런데 예수는 율법을 다 이루었고, 율법의 의미인 사랑의 개방성과 공평무사를 밝히 드러냈다. 그리고 그들의 교회들은 이 적은 무리와 함께 종종 그렇게 행복하지 않다.

그런데 내가 여기서 인류사적으로 암시하였던 이런 진전 안에는, 우주 기술 문명으로 치닫는 우리 시대에서 무엇보다 인간 양심을 향한 거대한 과제가 있다라는 점이다. 유아적 두려움들, 금기 사항들, 의식들로부터 대부분의 사람은 사실 어느 정도 빠져나왔는데, 학교, 교회, 직업이 그들을 유아적 보호 욕구와 의미 욕구를 더 객관적 형태의 질서와 법으로 바꿀 수 있도록 도왔다. 사춘기가 끝나면서 마감된 이 변화는 그러나 거의 다수의 사람에게 양심이 터득하는 마지막 언어로 남는다.

게다가 우리는 여전히 매일 진실, 돈, 우리의 직업, 직장 동료들, 우리의 성생활, 우리의 자동차를 필요불가결한 일로 만나는데, 새롭게도 깊게 의미를 묻는다.

어떻게 아내와 자녀들과 사는지, 어떻게 거리에서와 국가에서 행동해야 하는지가 과연 의미가 있는 것인가?

하나의 미신적인 조바심, 빈번히 찾아오는 깊은 불안을 향해 대부분이 거리를 두는데, 이러한 질문들과 더 나가는 물음들을 아주 공개적으로 제기하고, 그리고 잘못 이해한 십계명과 문맥에서 벗어난 성경 본문들과 더불어 본인들이 드러나는 것을 꺼린다.

게다가 많은 세속적인 사람들까지도 자유분방하고, 물질주의적이거나 무차별적, 무신론적 도덕 어휘를 사용할 때, 그들은 일관성 있는 의미를 향한 물음에 대한 두려움을 억제하기 위해 아주 비슷한 담요로 본인들을 포장한다.

그리고 실제로 사람들이 의미에 대한 자유로운 질문을 하고 떳떳한 의미 실행을 고무하는 역할을 하는 정신과 의사는, 인간 존재의 이러한 성숙이 불안을 대가로 얻어져야만 하는 것을 안다. 성숙에 도달한 자들이 자기 의미를 향한 물음이 어둠 속으로 사라졌다고 느낄 때가 오기에, 학습된 답변은 그들의 혼을 불러내는 힘을 잃었을 뿐만 아니라, 언제든지 그리고 영원히 유효한 대답은 없다.

그런 후 자기가 돌아서지도 문을 닫지도 않고, 마음을 열어, 마치 사랑하는 당신(Du)에게로 다가가는 것처럼, 이 어둠으로 들어갈 준비가 되어있는지 묻는다면, 이것이 그의 양심의 성숙과 자유를 위해 성장한 사람이 의미를 찾는 방법이다.

이는 정신과 의사가 이 문제에 있어 말할 수 있는 마지막 말이다. 그러나 그는 마르틴 부버가 글을 쓰면서 고백했던 다음의 말을 확실히 제외하려 하지 않을 것이다.

하나님이라는 말을 사용하고, 실제로 하나님을 너(Du)라고 부르는 사람은, 그가 항상 어떤 망상에 사로잡혔는지, 다른 사람에 의해 제약될 수 없고, 그가 다른 모든 사람까지를 포함하는 관계에 서 있는 그 생의 진정한 너(Du)를 부르는 것이다. 그러나 누구든지 그 이름을 꺼리고, 하나님이 없다고 믿는 사람 역시, 그의 모든 헌신적인 존재와 더불어 다른 사람에 의해 제한될 수 없는 그 삶의 그 너(das Du)를 부를 때, 그는 하나님께 호소한다.

탈선과 어둠을 통해 그러한 모든 존재의 헌신과 더불어 찾았던 이 너(Du)는 탈선, 과오, 어둠 속에서 길을 찾는 자를 내버려 둘 것인가?

그가 목표로 추구하는 화목이 그의 헌신의 의미로서 그에게 나타날 것인가?

이 질문과 함께, 내가 믿는 신앙고백과 더불어 나는 글을 맺으려 한다. 공허한 의미에 갇혀 있는 자신을 아무것도 아닌 것으로부터 지키는 것보다, 마지막 포괄적인 의미를 찾기 위해 자기를 디자인하고, 감히 시도하고, 헌신하는 것이 더 나으리라!

하지만 그것은 항상 그렇지는 않았다. 현세와 내세의 건립에 대해 정확히 알고 있다고 생각했던 때가 있었다. 내세의 물리학과 지형학을 연구했고, 정보를 얻을 수 없었다.

서로 나누고 싶은 물음들

14

몸이 다시 사는 것과

막스 제클러 Max Seckler[*]

튀빙겐대학교 근본신학 교수

평생 자기의 전공을 신실하게 대변했던 한 신학 교수로부터 전해 들었는데, 그가 은퇴 후에야 비로소 개인적으로 궁금한 문제, 즉 죽음과 사후에 관해 다룰 시간이 생겼다는 것이다. 사람들은 이 주제가 그의 본래 전공이 아님을 잘 알고

---

[*] 제클러(Max Seckler)는 1927년 독일의 베스터호펜(Westerhofen/Baden-Wuerttemberg)에서 태어났다. 그는 1947-48년 튀빙겐에서 신학과 철학을 공부하고, 1952년 성직 서품을 받았으며, 1955-1956년 기간에 프랑스 파리와 교황청 장학생으로 로마, 뮌헨에서 신학을 공부했고, 1958년 튀빙겐에서 토마스 아퀴나스 연구로 신학박사 학위를 취득하고, 1960-1962년까지는 뮌헨에서 근본신학의 학문 조교로서 일했다. 그리고 1962-1964년 동안에 파싸우(Passau) 철학-신학대학으로, 1964년에는 뮌헨에서 교수 자격 논문을 완성하고, 그곳의 사강사가 되었다. 1964-1993년 기간에 튀빙겐대학교 근본신학 전임 교수로서 30년을 정년까지 봉직했다. 그러던 중 1970-1980년까지 10년 동안 예루살렘의 초빙교수를, 1972년 하버드대학교의 초빙교수를 역임했다.

있었다. 그래서 그는 죽음과 사후(死後)에 관한 모든 가능한 책과 학적인 글과 자료를 모았다. 그는 늙었고, 죽음을 눈앞에 두고 있었기에, 본인과 상관없는 하나의 호기심에서가 아니라, 실제로 그의 마음을 움직이게 했던 주제였는데, 만약 그가 조만간 돌아오지 않는 그 길로 떠난다면, 본인 앞에 어떤 일이 전개될 것인지, 기꺼이 알고자 했다.

수년 동안 그는 인내와 긴장을 증가시키면서 그 일을 추진했지만, 결국 그는 참고 자료들을 내버렸으며, 부분적으로 의심하며 말했다.

> 사람들은 그것에 대해 아무것도 알 수 없다. 나는 그 마지막 길에 대해 모르며, 보지 못하는 시각 장애인이 되어야만 한다.

이 이야기는 지어낸 것이 아니다. 나는 이 사람의 이름을 말할 수도 있다. 그는 비록 쉽지는 않았지만 평안한 최후를 맞이했다. 이 사람은 경건한 그리스도인, 신학 교수였으며, 따라서 믿음의 문제에 정통한 전문가였다.

그는 평생 "몸이 다시 사는 것을 믿는다"라는 신앙고백에 확고히 서 있었다. 이 믿음, 이 소망과 더불어 그는 살았고, 결국에는 그렇게 그는 세상을 떠났다. 그가 소망의 영역을 탐색하고, 뭔가 지식으로 그 믿음을 밝히려는 시도는 결국 허사가 되었다.

내가 이 이야기를 듣고, 이 사람의 그 상황을 나에게 가져왔을 때, 솔직히 나는 충격과 함께 울컥하는 마음을 금할 수 없었음을 고백하지 않을 수 없다. 그러나 내가 지금 이 주제를 다루는 전문적 자료를 통해 교회와 신학이 말하는 '육체의 부활'이라는 주제를 실제로 경험했을 때, 내 마음도 다르지 않았다.

이러한 인식이 오늘날 우리 가운데 꽤 널리 퍼져있고, 이것 역시 관련 출판물에도 반영되어 있다고 나는 분명하게 말하지 않을 수 없다. 죽음 저편에 대해 정확하게 알았던 과거의 지식 낙관주의는 지나간 옛말이 되었다. 이 마지막에 관한 일들은 신학적 의구심이 가장 뚜렷하게 나타나는 장소다. 이러한 모습은 이해할 수 있고, 사실 그럴 수밖에 없는데, 시공(時空) 세계의 한계에 다다르면, 인간은 말을 더듬거릴 수밖에 없기 때문이다.

하지만 그것은 항상 그렇지는 않았다. 세상과 내세의 구조에 대해 정확히 알고 있다고 생각했던 때, 사후 세계의 물리학과 지형학을 연구했고, 그 어떤 정보도 얻을 수 없었다. 교재들은 학구적인 가설로 넘쳐났다. 예를 들어, 사람들은 사후 세계에서 어떻게 보이는지 알았고, 특히 육체의 부활과 관련해 부활한 몸의 형태와 특성에 관한 세세한 상상력을 가지고 있었다.

몸이 다시 살아났을 때, 여전히 먹고 마시는지, 소화 기관이 여전히 존재하는지, 인간은 여전히 성별에 따라 차이를 보이는지 등에 관해 상상의 나래를 폈다. 사람들은 영혼이 죽어 오랫동안 재로 사라진 몸을 어떻게 다시 입게 되는지, 그리고 어떻게 하나님이 죽은 뼈를 다시 조립하고 일으켜 세우는지를 안다고 믿었다. 심지어 어디에선가 나는 이론을 만났는데, 부활한 육체가 30대처럼 보이고, 그들 모두가 남성들이라는 것이다. 이 이론의 경건한 발명가에게 최고의 이상은 30대 남성으로 명백히 젊은 영웅이었다.

이러한 충격적 일에 직면해, 오늘날 몸의 부활에 대한 고백에 대해 어떻게 생각해야 할지 의문이다. 이것은 확실한데, 죽음과 부활 그리고 사후 세계의 운명으로서 최후의 것들은 보이지 않게 되었다. 세계 모든 시스템이 바뀌었다. 예전에 사람들은 더 이상 존재하지 않는 한 세계 안에서 부활을 묘사하였다.

한때 천국이 있는 것처럼 보였던 그 자리에서, 이제는 천사와는 전혀 다른 우주 비행사들이 우주 공간을 산책한다. 하나님은 옛 천국을 빼앗겼고, 우리가 상상하는 생각처럼 마치 고향을 잃고 유랑하는 자가 되었다. 우리는 천국을 더 이상 그 어떤 장소로 규정할 수 없다. 이 지구계 어딘가에서 헤아릴 수 없는 수십억의 변화된 인간 육체가 살고 있어야 한다는 것을 역시 상상할 수 없다.

이런 상황에 이르러서 어떻게 옛 신앙은 행동해야 할까?

옛 신앙은 회의적 상황에 있는 것 같기에, 모든 것을 예전처럼 행동한다고 해서 나아지지 않을 것이다.

바로 여기서 출구가 있다면, 사람들이 천국의 소망을 이 땅으로 낮춰 가져와서, 이 문제를 학자들과 의사들의 손으로 맡겨, 그들이 영원한 삶을 생각하도록 하는 것일까?

먼저 죽는 사람은 더 나은 때 차분하게 대망할 수 있다. 그런 후 더 나은 미래, 우리의 하나님과 천국이 될 것인데, 동시에 인류는 화판(畵板)과 실험실에서 그 윤곽을 다시 그려내야 할 것이다.

나는 알지 못한다. 그러나, 언젠가는 이런 추측들이 사후 세계에 관한 상세한 정보를 가지고 있던 고대 신학보다 덜 조롱당할 것이라는 점에는 솔직히 두렵다. 인간은 본질에서 참을성이 없는 존재며, 그의 조급함과 상상력의 고삐를 제어하기보다 거대한 불만과 함께 아무것도 하지 않는다. 인간은 새롭고 더 나은 세상을 끊임없이 구상하고 있으며, 미래를 향한 설계자들은 그들의 프로젝트에 대해 우리를 설득하는 데 거의 목표에 도달했다.

그런데 바로 여기에 근본적인 오해가 놓여있다. 인간이 스스로 자기를 구원할 수 있다는 기만적인 기대보다는 모든 것이 항상 더 나을 것이라는 감동적인 신앙을 생각하지 않는다. 하나님이 존재할 때, 죽을 수밖에 없는 인간의 최종적 구원은 오직 하나님에게 있다. 그러므로 육체의 부활에 대한 신앙은 새롭게 재고되고 검토되어야만 한다.

여기서 몇몇 명확성을 얻으려 하는 자는, 먼저 "몸이 다시 사는 것"이라는 신조(信條)의 정확한 뜻을 확신해야 한다.

육체의 부활 신앙 조항의 역사를 그 첫 시작으로 거슬러 올라가는 자는 놀란다. 이 신조는 오해로 가득 찬 역사를 통해 힘든 길을 걸어왔다. 이 신조는 성경에서 이런 형태로 나타나지 않는다. 기독교인 공동체가 부활에 대한 그들의 믿음을 이런 형태의 고백은 첫 세기들에 와서야 비로소 시작되었다.

그렇지만 이 형태는 확실히 성경적 용어 사용으로 거슬러 올라간다. 인간은 그곳에서 "몸"이라고 불리는데, 그의 육체뿐만 아니라 그의 육체적이고 그 생생한 육체적 현실 안에 있는 전인(全人)이다.

"육체의 부활"이 존재의 모든 차원과 거리가 먼 것이 아니라 그것이 의미하는 것을 사람들이 아는 한, 최소한 진술의 형태에서 모든 일이 순조로웠다. 사람들이 육체와 영혼, 불멸하는 영혼까지 구별하는 법을 알았을 때, 처음으로 죽어버린 시체가 다시 살아나는 것에 대한 끝없는 추측으로 이어지는 여러 문제가 발생하기 시작했다.

그러나 이 사실에 대해서 신앙고백에서는 아무것도 다루어지지 않았다. 영생을 위해 인간을 죽음에서 살려내는 것에 관해 사람들이 훨씬 더 좋게 말한다는 것이다.

사람들은 확실히 두 번째 어려움에 직면하게 되는데, 즉 다수의 철학과 종교가 선호하는 육체를 멀리하는 이해다. 사람들이 몸을 영혼의 교도소나 감옥으로 간주하는 곳에서, 구원은 단지 몸으로부터 해방을 의미할 수 있다. 인간이 영혼과 육체, 곧 천사와 동물의 숙명적인 연결 고리로 여겨지는 곳에서, 쉴러(Schiller)와 대화하기 위해, "지렁이의 욕망"을 거부하고 "하나님 앞에 천사(Cherub)로서 서라"는 과업을 가진다.

이에 반해 성경적 복음은 바로 전인(全人)의 구원, 곧 몸의 구원이 아니라, 육체성을 통해 규명되는 전인의 구원을 선포한다. "몸이 다시 사는 것을 믿는다"라는 고백은, 위에서 언급한 오해에 빌미를 제공했던 것처럼, 몸을 혐오하는 사람들로부터 보호막을 또한 제공한다.

오해들을 대적한 잡초는 지금은 자라지 않는다. 그들은 온전하지 못한 반(反) 인생이다. 그러나 그러한 오해들은 그 사실의 핵심을 향해 나아가는 우리를 방해할 수도 없고 막아서도 안 된다. 전인이 그의 육체적, 역사적 실체 안에서 구원의 대상이라는 사실이다. 육체성은 일시적인 것이 아니라 인간의 최후 정의이며, 육체성은 물질의 한 축적이 아니라 존재의 한 형태를 의미한다.

즉, "나는 육체의 부활을 믿는다"라는 문장과 함께, 나는 고백하는데, 내가 이 땅에서 한 일과 나에게 닥친 일은 아무것도 없어지거나 사라지지 않을 것이라는 점이다. 중립적이고, 냉담하고, 구별되지 않은 불멸의 한 영혼이 구원으로 들어가는 것이 아니라, 영생의 약속은 다른 누구에게가 아니고 바로 이 나 자신에게 주어졌다.

이 약속과 이 약속을 통해 굳어진 희망을 되돌려 버리는 일은 없다. 그것을 향한 모든 숙고와 신비의 베일을 벗기고 그 방법을 묘사하려는 모든 시도는 무의미하다. 이 결정적 마지막 희망은 스스로 정당화하기 위해 중얼거리고 말을 더듬을 수도 있지만, 그것만으로도 삶을 내팽개치거나 하나의 의미 없는 연시(年市) 정도로 여기는 것이 아니라, 우리가 영원의 재료를 발견하고 문을 여는 장소로서 간주한다.

부활은 과학적으로 입증될 수도, 그렇다고 반박될 수도 없다. 부활은 증명되지 않는다. 부활의 결정적 근거는 신약의 남자들이 예수의 부활을 증언하였다는 사실이다. 우리는 그들을 비현실적인 꿈꾸는 자들로서 생각할 수 없는데, 그들이 뭔가 끔찍한 것으로 죽음을 여겼는데도 그 죽음을 확실히 주시했다는 사실도 우리는 안다.

그들은 더 아름다운 소망을 위한 자리를 마련하기 위해 죽어야만 하는 운명을 경시하지 않았다. 그 종착역에 뭔가 있을 것을 알았기에 그들은 죽음을 두 눈으로 직시할 수 있었으며, 이름 없는 그림자들의 나라가 아니라, 하나님이 사랑하였고, 받아 주었으며, 기뻐한 사람들의 나라라는 것이다.

서로 나누고 싶은 물음들

15

영생을 믿습니다

게어하르트 에벨링 Gerhard Ebeling[*]

튀빙겐대학교 조직신학 교수

영생 - 이것은 의심할 여지 없이 믿음의 일이다. 하지만 우리가 아무것도 생각할 수 없는 그 무엇을 우리는 믿을 수 없다.

[*] 에벨링(G. Ebeling)은 1912년 베를린에서 태어나 2001년 9월 스위스 취리히에서 89세의 나이로 세상을 떠났다. 독일 마르부르크, 스위스 취리히, 독일 베를린에서 신학을 공부했다. 취리히에서 신학박사 학위(Dr. theol.)를 취득한 그는 1938-1945년까지 베를린-브란덴부르크 고백교회(BK)에서 어려운 목사로서 일했다. 튀빙겐대학교에서 교수 자격 논문(Habilitation)을 썼고, 거기서 교회사 교수로 1946-1954년까지, 조직신학 교수로 섬겼고 1954-1956년까지 1956년 취리히의 교수로서 조직신학, 신학사와 신앙고백을 가르쳤고, 그곳에서 성경 해석학 연구소의 소장으로 일했다. 1966-1968년까지는 튀빙겐에서 조직신학 교수로 일하다, 다시 취리히로 옮겨 1979년 은퇴하기까지 취리히 성경 해석학 연구소 소장으로 봉직했다. 루터교 신학자 에벨링은 독일 나치 시대 순교자 디트리히 본회퍼를 만나 영향을 받아 독일 고백교회의 신학에도 꾸준한 관심을 가졌다. 특히, 1950-1977년까지 신학 잡지 *Zeitschrift fuer Theologie und Kirche*의 편집장이었다. 무엇보다 에벨링의 주된 연구 분야는 성경 해석학과 마르틴 루터의 신학이었는데, 이를 통해 궁극적으로 교회를 향한 복음의 선포에 그는 관심을 집중했다.

그런데 우리는 어떻게 영생을 정당하게 생각해야 할까?

처음부터 이 물음에 대해 우리가 뭔가 잘못된 길에 들어선 것은 아닌가?

사람들은 다음과 같이 이의를 제기한다.

> 믿음의 문제는 다른 모든 것과 마찬가지로, 그것이 완전히 모순되지 않는다면, "영생" 역시 우선 바르게 우리의 생각을 넘어서고 있지 않은가.

그러나 믿음의 순수성을 위해 이러한 이의는 이제 정당하게 고려되어야 한다. 불신앙의 목소리에 반해 신앙이 들추는 진실하고 필요 불가결한 모순은 미신에서 나타나는 경우처럼 맹목적이고 무의미할 수는 물론 없다.

그러므로 영생을 향한 믿음은 사실 가장 먼저 그것에 저항하고, 다시금 그것에 이의를 제기하는 일을 우리에게 허용한다. 믿음의 일에 있어 우리는 투쟁과 저항을 포기하지 말아야 하는데, 그러는 중 모순에 시달리고, 동시에 그러나 그 모순을 받아들여야만 한다.

영생은 그것이 진리일 때, 동시에 영원한 평화, 영원한 행복이다. 하지만 영생을 향한 믿음에 어려움과 싸움이 없는 것은 아니다. 역으로, 그 신앙은 어떤 다른 모든 것보다도 모순에 맞서고, 시련을 단도직입적으로 감당한다.

사람들이 이 모순을 일일이 나열할 필요는 없을 것 같다. 모순은 우리가 사는 주위 어디에서나 가까이 손에 잡힌다. 우리는 누구나 죽는다. 우리를 살아 움직이게 하는 모든 것은 시간의 제약을 받으며 언젠가 역시 사라진다. 우리의 배고픔과 누림, 불안과 기쁨, 소유와 일, 사랑과 실망, 계획을 짜고 희망을 접는 일 등이 그러하다.

  '나는 영생을 믿는다'라고 고백하는 사람은 누구든지, 그가 삶을 진지하게 받아들이고 경험하는 대로, 본인의 눈 앞에 펼쳐지는 그 삶에 열려있고 진실해야 한다. 그는 모든 불신에 맞서 죽음의 배아(胚芽)를 자기 안에 지니고 있다는 사실을 믿어야 한다.

  그리고 무엇이 그 죽음으로부터 제외될 것인가?
  영생을 믿는다면, 무엇을 믿지 않아야 할 것인가?
  왜 그러한 믿음은 저항이 없는가?
  무엇이 그의 대적자가 되지 않을 것인가?

  우리는 뭔가 무덤에 관한 생각을 할 필요가 있는데, 우리의 삶으로부터 이미 그곳에 무언가를 묻었다. 어머니, 아버지, 친구 그리고 친자녀를 말이다. 우리의 육체를 우리는 생각할 수 있는데, 그에 대해 상당 부분 알고 있지만, 실제로 노화(老化)와 땅으로 돌아가는 과정은 잘 알지 못하는 부분이다.

하지만 우리는 또한, 더욱 쓰라린 결말에 대한 전망을 친절하게 은폐하고 잊게 하는 모든 것, 삶에 대한 욕망, 단기적이고 따라서 영원에 대한 갈증을 느끼는 모든 것에 대해서도 생각할 수도 있다. 그것을 생각한다는 것은 환상들의 실체를 꿰뚫어 보는 것을 의미하며, 게다가 절대 그들의 모든 권리를 빼앗지 않지만, 그들의 권리를 제한적이고 조건적인 것으로 인식하는 것을 의미한다.

물론, 이에 대한 우리의 생각을 사적 영역에만 집중해서는 안 된다. 우리 곁에는 수백만 명의 삶, 고통, 죽음이 있고, 운명의 얽힘에서 볼 때 평등하지만, 모든 사람을 대변할 수 없는 각자 개인으로 경험하고 있다는 점이다. 그곳 우리 앞에는 세대와 민족들의 예측할 수 없는 물결이 있는데, 역사의 혼란 속에 휩쓸렸고, 수천 년과 천문학적 시공의 일순간 같은 과거의 소용돌이 가운데서 삼켜졌다.

또한, 그런 일은 그렇게 계속될 것이다. 그 누구도 어떻게 그리고 얼마나 오래 그런 일이 지속될지 모른다. 각 개인의 삶을 향한 기대는 지난 수십 년 동안 그랬던 것처럼 계속 증가할 것 같다. 죽음을 극복하는 기술은 죽음을 갑자기 대량으로 수확하는 기술과 함께 유령의 발걸음처럼 상상할 수 없는 진보를 가져올 것이다. 죽음과 생명을 통제하고 쌓아 놓을 수 있는 확장된 능력이 그들의 경계를 서로 바꿀 것이지만, 둘 다 각자 분리되지는 않을 것이다.

인생은 시간과 더불어 삶으로 존재하고 따라서 죽음을 향해 존재한다. 인간의 삶을 시간 속에서 실질적으로 무제한으로 연장하는 것이 가능하다는 상상은 그야말로 터무니없고 끔찍하다고 할 것이다. 죽음은 삶의 의미를 위협하는 것으로 보인다.

하지만 죽음의 경계와 함께 삶의 의미는 우선 제대로 사라지지 않는가?

만약 모든 것이 정말로 무미건조하고 지루하지 않다면, 하나의 끝없는 지루함이 아닌가?

과학과 기술의 눈부신 정교한 빛 속에서 우리는 특정한 것들을 옛적 사람들보다 더 선명하게 이해한다. 예전 사람들은 영생에 대해 말할 때, 죽음은 그들에게 기꺼이 그토록 강력하고 진지하게 바로 그들의 눈앞에 있었다. 그것은 생각 속에서 죽음을 배제하거나 감각적 장난에 관심이 쏠리게 하는 우리보다 더 선명했다. 그렇지만 그들은 죽음에 맞서 죽음 없는 영원한 삶을 생각할 수 있었다.

그에 반해 우리는 삶과 죽음을 생물학적 현상으로 생각하는 데 익숙하다. 삶과 죽음을 놓고 벌이는 의학적, 약학적 논쟁을 통해 사람들은 어느 분명한 지점에 도달할 수 있다. 그렇지만 오늘 우리에게 생물학적 현상으로서 죽음에 맞서 근원적으로 저항하는 것은 무의미해 보인다. 삶과 죽음은 더구나 하나의 필연적 과정의 순간들이다. 이에 반해 '영생'은 그 자체로 모순으로 보인다.

우리는 스스로 뭔가 움직임과 변화, 부족과 결함을 수반하지 않는 삶을 상상할 수 있을까?

온전한 충족과 영원한 행복이 삶의 개념을 일반적으로 깨뜨리지 않는가?

더 이상 아무것도 부족함이 없고, 아무것도 고조되지도 위협도 받지 않는다면, 삶은 없어지는 것은 아닌가?

확실히, 옛날 사람들은 영생에 관한 이야기를 할 때, 낙원 상태, 기쁨의 식사, 천상의 찬미, 하나님 영광의 주시(注視)라는 그림들로 나타냈다. 영생을 향한 그들의 그림은 매우 구체적이었다. 반면, 오늘 우리에게 영생의 문제에 있어 그림과 실체 사이 간극(間隙)은 엄청나게 커졌다. 그림이 사라졌다는 말은 영생에 대한 믿음을 향해 말문이 막히게 만드는 위협으로 다가왔다.

그런데 말문이 막힌다는 것은 그 자체로 믿음의 종말을 준비하도록 강요한다. 영원은 우리 시대에 낯선 생각으로 변했다. 게다가 이것은 단순히 기독교 신앙고백의 최후 단계가 아니라, 이 마지막 지체 자체와 함께 전체 신앙에 영향을 미친다는 사실이다. 마치 이런 상황이 우리에게 아무것도 더는 생각하지 못하게 하는 것 같아도, 우리가 여기서 멈출 권리를 가지고 있지 않다.

영생을 향한 믿음에 필연적으로 따르는 저항을 우리는 그러면 이미 제대로 파악했는가?

오늘날 신앙의 어려움은 계속해서 일어나는 혼란스러운 생각에 근거한다. 확실히, 믿음을 대적하는 저항의 엄밀한 원천은 생각이 아니라, 깊은 적의에서 비롯된다. 특히, 불충분하고, 부적절한 생각 때문에 야기된 신앙의 어려움이 기독교를 대적한 혐오로 위장한다. 나쁜 생각은 믿음을 흐리게 하고 불신앙을 옳다고 변호한다. 그것은 믿음의 문제에 대한 저항을 엉뚱한 장소로 옮겨서, 진정 싸워야 할 문제의 초점을 흐리게 한다.

그러므로 소금은 맛을 잃고, 그런 후 당연히 사람들에 의해 짓밟힌다. 그러나 그것은 명확하고 분명하게 영원에 대해 신앙을 고백하므로 영원에 관해 아무것도 알고 싶지 않은 그런 삶에 맞서는 신앙에서 일어나는 충돌과는 뭔가 다르다.

영원이란 무엇인가?

물론, 이것은 시간에 맞서고 있음을 말한다.

하지만 어떤 의미에서 그렇다는 말인가?

그럼, 모든 시간적 제약을 무시한다는 말인가?

우리는 무심히 말하는 버릇이 있다. 예를 들어, 우리는 기약 없는 대기 시간에 전전긍긍한다.

'이거 영원히 끝이 없는데!'

사실은 단지 10분을 두고 한 말이다. 그런데 끝없는 시간의 연속은 역시 아직 영원을 만들지 못한다.

그렇다면 영원은 일반적으로 시간의 부정 정도로, 시간을 초월한 곧 시간이 사라진 상태일 것일까?

우리는 영원한 진실에 관해 말하고, 삼각형의 각도 합계에 대한 공식과 같이 현재 일반적으로 적용하는 일반적 정의를 가져온다. 그러나 그런 식으로는 성경이 말하는 영원의 의미에 가까이 갈 수 없다.

살아 계신 하나님으로서 하나님이 '영원하고', 삶의 개념 자체가 영원의 개념과 결합 될 때, 시간에 대적하는 최소의 무관심으로 표현되지 않는다. 그것은 더욱 시간을 향해 가장 공격적이고 까다롭기 그지없는 관계를 뜻한다. 그렇지만 측량 가능한 시간을 향한 틀에 맞는 중립적 이해에는 미치지 못한다. 영원은 물리적 개념이 아니라 신앙적 개념이다.

만약 여러분이 그것을 축소한 물리적 시간 개념과 그 신앙적 개념을 뒤섞는다면, 그로부터 어리석은 불필요한 문제들을 만날 수 있다. 이는 마치 소위 말세에 관해 경건과 신학에 그렇게 많은 불필요한 위기를 불러오는 것과 같다.

우리는 시간을 향한 그러한 태도에서 벗어나야 한다. 인간은 시간의 제약을 받으며 살고, 시간의 압박을 받는다. 식물과 동물은 이러한 모습은 보이지 않은데, 그들은 시간에서 그만큼 자유롭기 때문이다. 하지만 이는 그들에게 격의 없고 질문거리도 아니다.

반면에 인간은 스스로 시간을 의식하고 자기 스스로 이를 통해 문제로 향한다. 인간은 과거에 매달리고, 미래로 서둘러 나아가고, 현재가 아닌 것을 현재화하며, 따라서 그의 현재와는 절대 하나가 되지 못한다. 인간은 과거를 기억하고 미래를 계획하고, 후회와 염려로 괴로워하며, 증가하는 과거와 사라지는 미래의 부담을 안는다.

그가 당장 업무를 향한 부담과 삶에 대한 욕구로부터 절대 넉넉한 시간을 갖지 못하든지, 또는 시간을 낭비하든지 간에, 그는 시간과 더불어 아무것도 시작할 수 없는데, 그는 어떤 경우든지 그에게 주어진 시간과, 따라서 본인 스스로와도 갈등 속에 산다.

그러므로 인간은 그 시간을 통해 시간과 더불어 사라지는 모든 것보다 훨씬 더 심오한 존재다. 이성, 언어, 양심 같은 인간이 인간 되게 하는 것과 인간을 부정하고 빗나가게 하는 모든 것이 서로 주어진 시간을 어떻게 대하느냐에 달려 있다. 인간은 자기에게 주어지는 시간의 주(Herr)가 되려 하며, 그럴수록 인간은 그만큼 더 시간의 지배를 받는다.

우리는 하나님을 시간의 주인으로 믿는다. 그러기에 하나님은 영원이란 시간을 제공하고, 시간을 제한할 수 있는 신적 전권, 무제약적 자유를 갖는다. 영원과 시간은 서로 떨어지지 않고, 서로 분리되지 않으며, 말하자면 깊은 차원에서 서로 연관되어 있다. 시간은 영원의 표현이며, 영원은 시간의 비밀이다. 시간은 영원의 드러남이고, 영원은 시간의 신비이다. 이 둘은 창조자와 창조물처럼 함께 묶여 있다. 영원을 이해함에는 시간과 깊은 상관성 속에 있다. 하나님의 하나님 됨과 인간의 인간 됨이 함께 묶여 있듯이 그렇다.

영생은 오직 하나님만이 주인이다. 우리가 하나님을 영과 사랑으로 믿는 것은 영생이 그분 자신께는 모순이 아님을 밝힌다. 사람들이 창조자에 대한 믿음을 자연 과학적 사이비 가설로 왜곡하고, 세계, 시간, 삶의 기원에 대한 하나의 이론으로 왜곡하는 것은, 생명을 살리는 성령, 어느 때고 떨어지지 않는 사랑과는 그 안에서 공존할 수 없다.

성령과 사랑은 영원한 삶을 제시하는데, 궁극적으로 시간적인 삶 가운데서 그 영생에 이르며, 그 영원한 삶을 가졌을 때, 그 삶이 인간을 구원에 이르게 한다.

그러나 하나님은 오직 인간에게만 생명을 약속했으며, 인간은 믿음 안에서 그 영생을 소유한다. 영원한 삶은 오직 하나님만의 것이고, 모순되지 않으며, 단지 다음처럼 강조할 뿐이다. 인간은 자기 안에 그리고 자기에게서 영생에 이를 수 없다. 인간의 구원은 인간에게 있는 것이 아니라, 인간 스스로 자기를 내려놓고, 성령이며 사랑이며 생명을 약속하는 하나님께 자신을 맡길 때다.

그러므로 영생에 대한 신앙은 실질적 대적자를 갖는데, 일차적으로 우리의 시간적 현존을 끝내는 죽음에서가 아니라, 살아 있는 동안 우리의 시간을 보내는 그 삶에서 만난다. 영생에 대한 믿음은, 성취나 즐거움, 걱정이나 오락에 집중해 시간적인 것에 매달리며, 그러한 것을 통해 죽음을 벗어나고, 죽음에 우선 그에 상응한 세력을 부여하는 삶과는 극명한 대조를 이룬다.

영생에 대한 믿음은 우리 앞에 닥칠 죽음을 함부로 하며 우리가 죽음 후의 상황을 상상하는 대로 그리는 상상력의 힘이 아니다. 그 영생 신앙은 우리 생명의 주인으로서 하나님과 더불어 나누는 진지함이다.

하나님의 주인 되심은, 크리스천들이 삶과 죽음의 주인이신 하나님의 영광을 향해 믿고 고백하는 예수의 신분으로 올려졌음을 말한다. 바로 그로부터 우리가 영생을 어떻게 생각해야 할지를 결정한다. 영생은 죽음 이후 현생의 대체와 성취가 아니다. 영생은 죽음을 통한 이 삶의 극복과 성취에 훨씬 더 가깝다. 그래서 실제로 영생은 죽음을 앞둔 그 삶과는 다른 하나의 삶이다. 영생은 성취와 극복으로서 죽음으로부터의 자유다.

우리의 영생에 대한 이해는 예수 십자가에 의해 확정된다. 그러므로 영생은 예수를 믿는 믿음을 통해 우리가 이미 지금 그 새로운 삶으로 참여다. 그 새로운 삶은 시간적인 모든 것을 하나님의 영광을 위해 받아들이고 바치는 그 용기다. 누구든지 아들을 믿는 자는 영생을 가졌다고 요한복음은 말한다. 죄의 용서가 있는 곳, 그곳에 역시 생명과 구원이 있다고 종교개혁자 루터는 교리 문답에서 가르친다.

영생이 그림처럼 그릴 수 있는 생생한 장소를 잃었다는 것은 예수를 믿는 믿음에 전적으로 상응한다. 지구 위의 공간으로 있는 천국과 '죽음 후'의 시간적 늘어남은 공간과 시간을 향한 물리적 개념을 통해 붙잡힘으로부터 우리가 자유롭게 생각해야만 함을 의미한다. 그것 때문에 죽음의 어둠을 더 어둡게 만든다고 불평하는 사람은 그것이 바로 믿음의 상황이 아닌지 물어봐야 할 것이다. 어둠은 하나님께 어둠이 아니라는 것을 알고 확신 가운데 어둠 속으로 발을 들여놓는 것이다. 그러므로 하나님은 그들에게 죽음 가운데서 하나님 외에 아무것도 기대하지 않는다.

영생에 대한 믿음의 모호성은 영생에 대한 믿음이 처하고 있는 그 현장에서 만나는 경험으로 우리를 더욱 뒷걸음치게 한다. 즉, 이 시간적 삶 가운데서 우리의 양심을 요구하고, 고소하고, 영생의 말씀을 통해 자유로워지고 확신에 이르는 절대성과 확정성으로 이끈다.

확실히 그러한 이중 경험은 죽음과 불가분의 관계에 있다. 영생을 향한 신앙은 우리의 삶을 더욱 진지하게 만든다. 그리고 그 신앙은 또한 영생의 기쁨을 정화하며, 여러 가지 불신에 맞서 영생을 성취한다.

 서로 나누고 싶은 물음들

에필로그

게어하르트 레인 Gerhard Rein

디트리히 본회퍼(Dietrich Bonhoeffer)는 오래전 그의 옥중 서신에서, "성인이 된" 우리 시대에서 기독교 신앙의 진리가 우리를 설득하기 위해, 우리는 "이해의 첫 출발로 다시 되돌려졌다"라고 썼다. 이 문장과 함께 사람들은 13명의 신학자와 2명의 일반인이 쓴 사도신경에 관한 15개의 글을 상관 지어 읽을 때 떠오르는 뭔가를 감지한다.

저자 중 8명은 개신교 신자이고 7명은 가톨릭 신자이다. 여기서 그들은 사도신경의 일관성 있는 해석을 공동으로 제시하지 않는다. 처음부터 그런 의도는 없었다. 저자 각자가 쓴 글을 모아 만든 저술이다. 각 저자는 자기의 글에만 책임진다. 그러나 그들은 사도신경에 대한 오늘날의 이해에 관한 입장과 고찰을 제시하는데, 여러 문장으로 이루어진 사도신경은 어떤 교파든지 항상 다시 열려있고 흥미를 갖는 기독교인들에게 적지 않은 어려움을 준다.

남부 독일 라디오 방송이 발행한 이 시리즈 저작은 많은 기독교인이 생각하는 것이 신앙의 본질이라는 것을 잊었기에 『생각하기 위한 변론』이라는 책 제목을 붙였다. 누구든지 사도들의 가르침을 따른 신앙고백을 진지하게 받아들이는 자는, 교회 공동체와 함께 드리는 예배를 떠올리며 말할 것이다. 그는 그것을 꼭 염두에 두고서, 신중히 생각할 수 있다.

이 책의 필자들은 거의 2천 년 된 옛 표현에서 그들이 생각했던 핵심 의미를 어떻게 오늘날 설명하고 이해할 수 있는지에 대한 물음에 집중했다.

거의 모든 저자가 그의 주제에 대해 두 가지 방향으로 토론하였는데, 하나는 사도신경의 개별 문장이 과연 성경적인지, 아니면 어느 정도 성경적인지를 질문했으며, 그런 후 어떻게 그것을 오늘날 동시대 사람들이 수긍할 수 있게 설명할 것인지를 고심했다. 거대한 자유를 가지고 그들은 그 사도신경이 당시 이미 성경의 전승을 해석했고 따라서 역시 계속해서 해석할 수 있고 또 그렇게 해야만 한다고 시작했다.

사도신경이 성경적이냐 하는 문제는 성경적 역사와 문자적으로 일치하는지를 묻는 것이 아니라, 사도신경의 개별 문장을 사실에 맞게 정확하게 바르게 해석하였는지 하는 물음이다. 저자들은 존재하지 않는 개별 교리들 사이 '구속사(救贖史)적 연속성'을 구축하려고 시도하지 않는다. 신앙고백은 일찍이 각 교리 문장들을 합쳐 만들어졌다. 그리고 이 신조들은 항상 스스로 새롭게 기록되어야만 했다. 신앙고백은 건설적 힘을 요청한다.

이 책을 이루는 모든 글은 총체적으로, 하나님이 누구인지, 하나님이 인간에게 한 일에 대한 진술들이 불합리하지 않다는 것을 보여 주려고 한다. 도리어 그들은 오늘날에도 여전히 인간의 삶에서 역할을 하는 의미 질문에 초점을 맞추면서, 하나님 앞의 현존을 해석한다.

"의문을 제기하면서, 공포의 어둠으로 들어갈 준비가 기꺼이 되어 있는가?"

한 작가는 결론을 내린다.

> 나는 말라비틀어진 허무를 위해 공허한 의미 속에 갇혀 버린 자기를 선언하는 것보다, 자기를 새롭게 기획하고, 마지막 포괄적인 의미를 찾아 자기를 던지며, 과감히 시도하는 것이 더 낫다고 믿는다.

그러한 의미 질문이 제기되는 한, 사도의 가르침을 따른 신앙고백에서 일컬어지는 인간과 함께하는 하나님 역사의 경기장과 정거장에 관한 대화는 의미심장하다.